轨道车、接触网作业车驾驶实作训练辅导

金鹰重型工程机械有限公司培训中心　主编

中 国 铁 道 出 版 社

2014 年·北 京

图书在版编目(CIP)数据

轨道车、接触网作业车驾驶实作训练辅导/金鹰重型工程机械有限公司培训中心主编. —北京:中国铁道出版社,2011.12(2014.11 重印)
ISBN 978-7-113-13722-9

Ⅰ.①轨… Ⅱ.①金… Ⅲ.①轨道车-驾驶员-技术培训-教材②接触网-检查车-驾驶员-技术培训-教材 Ⅳ.①U216.61

中国版本图书馆 CIP 数据核字(2011)第 214893 号

书　　名:轨道车、接触网作业车驾驶实作训练辅导
作　　者:金鹰重型工程机械有限公司培训中心　主编

责任编辑:时　博　**编辑部电话**:(010)51873141　**电子信箱**:crph@163.com
封面设计:崔　欣
责任校对:孙　玫
责任印制:郭向伟

出版发行:中国铁道出版社(100054,北京市西城区右安门西街 8 号)
网　　址:http://www.tdpress.com
印　　刷:中国铁道出版社印刷厂
版　　次:2011 年 12 月第 1 版　2014 年 11 月第 3 次印刷
开　　本:850mm×1 168mm　1/32　印张:4　字数:99 千
书　　号:ISBN 978-7-113-13722-9
定　　价:28.00 元

编写单位及人员

主编单位：金鹰重型工程机械有限公司培训中心

编写人员：吴高堂　唐天亮　张艳兵

刘自峰　梁会青　李先轩

主　　审：胡跃进　李志锋

审稿人员：肖绪明　陈　斌

前　言

为普及轨道车、接触网作业车基础知识，提高轨道车、接触网作业车驾驶员对车辆的认知水平与使用技能，强化培训学习效果，金鹰重型工程机械有限公司培训中心主编了《轨道车、接触网作业车驾驶实作训练辅导》。

本书主要以GC-220型重型轨道车和JW-4型接触网作业车为代表车型，介绍了驾驶考试基本操作、车辆全面检查、与安全行车密切相关的装置、JZ-7制动机性能试验、常见故障判断和排除、三项设备检查和使用、车辆驾驶与操纵综合运用，以及车辆维护保养等内容。为方便使用人员更直观地了解和学习车辆构造，在"车辆结构"和"车辆检查"部分配以大量实物照片，以供参照。

本书在编写过程中，由于时间仓促，问题在所难免，广大读者在使用过程中如发现有不妥之处，敬请批评和指正。

编　者

2011年9月

目　录

第一章　驾驶基本操作要领 …………………………… 1

第二章　车辆全面检查 …………………………… 7

第一节　检查的基本方法 …………………………… 7
第二节　GC-220 型重型轨道车整备检查 …………………………… 10
第三节　接触网作业车全面整备检查 …………………………… 23

第三章　与安全行车密切相关的装置 …………………………… 26

第四章　常见故障判断和排除 …………………………… 43

第一节　故障诊断方法 …………………………… 43
第二节　常见故障和排除 …………………………… 45

第五章　JZ-7 制动机使用与性能试验 …………………………… 65

第一节　JZ-7 制动系统的构成及使用 …………………………… 65
第二节　JZ-7 制动机性能试验 …………………………… 66

第六章　三项设备检查与使用 …………………………… 74

第七章　车辆驾驶与操纵综合运用 …………………………… 101

第一节　行车凭证的取得和确认 …………………………… 101
第二节　车辆出乘整备及驾驶 …………………………… 102

第八章　维护保养 …………………………… 112

第一节　轨道车的保养 …………………………… 112
第二节　接触网作业车的维护保养 …………………………… 116

第一章　驾驶基本操作要领

按照轨道车司机实作考试大纲的考核项目，实作考试主要考核司机车辆驾驶技能和对车辆的熟悉程度以及故障处理能力。车辆驾驶技能主要体现了司机对规章的熟悉和运用程度，不同线路工况、作业工况的驾驶应变能力，车机联控等标准化作业；司机对车辆的熟悉程度和故障处理能力，则通过一次出乘的全面整备检查作业和实际故障的分析、判断和处理来体现。本章主要介绍车辆驾驶的基本操作要领。

一、车辆驾驶考试中应注意的问题

车辆驾驶考试的线路一般设有车站、进出站信号机、预告信号机、道岔、加减速区段、车辆连挂摘解区段，以及与之相配套的对标停车标、鸣笛标等线路信号标志。要在一段较短的线路上全面反映出车辆驾驶技能，需要掌握以下基本操作要领。

1. 车辆启动出站操作

当车站出站进路已经办理闭塞，司机与副司机应共同确认行车凭证和出站信号开放情况，确认好后司机将中间换向箱转换开关转到前进位(也可提前将转换开关置前进位)，然后将油门放至最低位，同时将离合器踏板踩到底，让离合器彻底分离后将变速杆打到低挡区挂上起步挡。此时轻轻抬起离合器踏板，待车辆启动后再慢慢加大油门，当车辆速度达到 5 km/h 以上时，则边踩下离合器踏板边松开油门，同时完成摘挡和挂上下一挡位的换挡操作。要求离合、油门、变速三者同步一致、脚手配合协调，一气呵成每一个换挡操作，否则将会出现响挡、顿挫或窜车现象。

2. 车辆通过道岔时的操作

站内一般使用低挡位运行，且稳定油门、控制车速出站，以便对站场道岔进路开通状态进行确认，确保行车安全。

当车辆接近道岔时，司机与副司机应同时确认进路是否处于开通状态，司机根据道岔允许通过速度控制车辆速度。例如：9号道岔允许车辆通过速度不得超过30 km/h，因此，司机应在低挡区挂上4挡，同时控制油门，将车辆速度控制在25 km/h以内通过道岔。

3. 加速区操作

当车辆越过道岔进入正线时，司机慢慢加大油门，当车辆时速达到28 km/h以上时，则边踩下离合器踏板边降低油门边摘挡，同时迅速将变速杆推向高挡区，随即向低挡区方向轻轻回调一下变速杆，消除偏离5挡位置的游离间隙后，快速将变速杆推向5挡位置挂入5挡，同时轻轻抬起离合器踏板、相应地提高油门，速度控制在35 km/h左右。

若变速杆推向高挡区一旦滞后，则不能顺利完成5挡挂入操作，如果强行进挡将会造成变速箱发响。出现这种情况后，不应急于强行进挡，而是应立即抬起离合器踏板、急速加大油门，进而提高发动机与车辆速度相适应的转速，随即踩下离合器踏板，降低油门，迅速将变速杆再度推向5挡位置，完成5挡挂挡操作。

若将变速杆推向高挡区后，没有及时回调变速杆消除偏离5挡位置的游离间隙，将会错误地挂入7挡，此时发动机转速会在1 000 r/min以下，这种现象属于超前挂挡，如果不及时退挡，在此工况下持续工作1～2 min就会损坏发动机。当将挡位从7挡退出重新挂5挡时，不能强行进挡，应再度抬起离合器踏板，急速提高油门后随即踩下离合器踏板，放低油门，迅速将变速杆推向5挡位置完成5挡挂挡操作。

4. 减速区操作

根据区间各种线路信号标志，司机与副司机进行呼唤应答，司机根据信号标志控制车辆速度。例如：前方有一限速区段，限速25 km/h，当接近限速预告信号标时，副司机首先呼唤，司机进行确认后，根据当前车辆速度决定是否摘挡滑行，或采取制动减速措施。

若车辆速度在 80 km/h 以上，司机应摘挡滑行，必要时采取常用制动，将车辆运行速度控制在限速区段限速始点标之内按 25 km/h 以下的速度行驶。

若车辆速度在 40 km/h 以下，司机不需要急于摘挡，可以按照现有车辆速度继续运行。当接近限速始点标时，司机摘挡，采取常用制动，将车辆运行速度控制在限速始点标之内按 25 km/h 以下的速度行驶。

当车辆越过限速结束标后，司机根据车辆当前运行速度选择相应挡位挂挡。挂挡方法：不踩离合器踏板急速提高油门后，随即踩下离合器踏板，降低油门，迅速挂进相应的挡位。将车辆运行速度控制在线路规定运行速度之内，不得超速运行。

5. 对标停车操作

对标停车是指操纵车辆常用制动，使车辆在指定的停车标识牌位置前停下来，不允许车辆越过停车位置标，也不能距离停车位置标太远，一般在 2 m 内停下为宜。车辆以司机旁的侧窗前框边作为对标基准线。对标停车能反映司机对车辆的操控能力、距离测感等综合驾驶能力。

对标停车一般使用常用制动操控车辆一次停车到位，非紧急情况下不允许使用紧急制动。因此，在看到停车标位置后就需要进行降油门减速，并目测或观察线路旁的公里标，测量车辆距离停车标的位置。在距停车标 200 m 范围以内时，车辆速度应控制在 30 km/h 左右，距停车标 50 m 范围内时，车辆速度应控制在 15 km/h以内。

6. 车辆连挂作业操作

连挂作业时，当动车距离被挂车辆 5m 时必须一度停车，然后进行连接，并执行“一接风管、二开折角塞门、三松手闸（或取铁鞋）、四试风”的作业标准。

司机看到连接员发出连挂手信号后，鸣笛一短声示意，挂上起步挡进行连挂作业，当连接员发出一度停车手信号后，司机应鸣笛一短声示意，此时可以不摘挡，只需踩下离合器踏板，采用常用制动停车。

当连接员发出向显示人移动手信号后，司机鸣笛一长声缓解车辆，慢慢抬起离合器踏板，车辆移动后司机再度踩下离合器踏板，让车辆缓缓向前滑行。若车辆将要停止滑行，司机再度慢慢抬起离合器踏板，车辆移动后再次踩下离合器踏板，用车辆滑动进行车辆连挂。

当连接员发出试拉手信号后，司机将中间换向箱转换开关转到后退位，鸣笛二长声，慢慢抬起离合器踏板进行试拉，试拉完成后将变速杆置于空挡位，采取制动措施后下车连接风管，打开折角塞门，然后上车进行试风作业。

7. 遇到线路信号标志的操作

行车过程中遇到线路信号标志、桥梁、道口、曲线等时，司机与副司机应进行呼唤应答，相互提醒注意。司机根据线路标志严格控制车辆运行速度，不得超速，不得冒进，同时应做好随时减速停车准备。

二、基本线路信号标识

1. 司机鸣笛标

司机鸣笛标设在道口、大桥、隧道及视线不良地点的前方500～1 000 m 处，如图 1—1 所示。司机见此标志，须长声鸣笛。

2. 限速预告信号

限速预告信号在限速区段之前，限速预告牌上标有允许车辆通过的最高速度，如图 1—2 所示。司机看到此标识应注意减速，在限速始点标之前将车辆减速到限制速度以下。

3. 减速地点标

减速地点标设在需要减速地点的两端各 20 m 处。正面表示列车应按规定限速通过地段的始点，如图 1—3(a)所示；背面表示列车应按规定限速通过地段的终点，如图 1—3(b)所示。

4. 机车停车位置标

机车停车位置标要求司机对标停车，如图 1—4 所示。

图 1—1　鸣笛标

图 1—2　限速预告信号

(a)正面　(b)背面

图 1—3　减速地点标

图 1—4　机车停车位置标

第二章 车辆全面检查

第一节 检查的基本方法

司机应对所使用车辆的结构、各部件名称、安装位置、工作状态非常熟悉，并掌握该车型的运用特点以及容易出现故障的部件和关键部位，充分合理地利用检查时间。在检查车辆时应以有条不紊的顺序、正确的姿势和适当的方法进行。要求做到：顺序检查、不错不漏、姿势正确、步伐不乱；锤分轻重、目标明确、耳听目视、仔细周到；测试工具、运用自如、手触鼻嗅、灵活熟练。

在检查过程中，根据声音、颜色、形态、温度、气味等线索，准确及时地判断出故障所处的位置和故障产生的不良程度，并能采取适当的措施和方法加以排除。

车辆检查基本方法主要有锤检法、手检法、目视法、测量法、测试法五种。

一、锤 检 法

锤检法分为锤击、锤触和锤撬。

1. 锤　　击

锤击是依靠检车锤敲击零部件时发出的声响及手握锤柄的振动感觉来判断螺栓的紧固程度和部件是否发生断裂。锤击适用于 14 mm 以上的各紧固螺栓、弹簧装置，以及适宜用锤击判断的容易发生断裂的部件。使用锤击检查时应根据螺栓的大小、部件的状态和位置，用力适当，掌握好“轻、重、缓、急”，不可用力过大，以免损伤部件，不准许锤击带有压力的管接头以及摩擦工作面和光洁度较高的部件。14 mm 及其以下的螺栓、螺钉禁止锤击。

2. 锤　　触

锤触是将检车锤接触被检物件后，用一定的力去压、勾、顶的一种方法。主要适用于 14 mm 及其以下的螺栓、螺钉、管子、卡子以及一些脆弱部件，视其是否松缓或裂损。

3. 锤　　撬

用锤柄或锤尖拨动、撬动一些零部件的跳动量、横动量及间隙等。

二、手 检 法

1. 手　　动

对不适宜锤检的部件应用手动检查。手动包括：晃、拍、握、拧，适用于较细小的螺钉、管接头、各种阀门及仪表、电器等。采用"晃动看安装、手拧看松漏"的方法视其是否有松缓、泄漏，安装是否牢固等现象，判断各油、水、风管路中阀门的正确位置。

2. 手　　触

主要适用于检查有关部件的温度、管路的振动、高压油管的脉冲等。在运行中不能进行手触温度检查的部件，应在停车后马上进行。手触时先用手指感觉温度，再用手背判断温度。手背触及部件表面的持续时间与相应的温度可参照表 2—1。

表 2—1　手背触及部件表面的持续时间与相应温度

热　别	相应的温度	判别方法
平　热	40 ℃上下	能长时间手触
微　热	70 ℃上下	手触能持续 3 s
强　热	90 ℃上下	不能手触
激　热	150 ℃上下	变　色
烧　热	150 ℃以上	生　烟

三、目 视 法

目视法是通过对各零部件总成外观是否有裂纹、变形、弯曲、脱落、位移等现象观察从而获得信息。在使用锤检和手检的同时进行目视检查，做到手、眼、锤、灯配合协调，动作一致。各仪表指针位置，校验有效日期，各紧固螺栓平垫及弹簧垫片状态，油水管路是否存在泄漏，各油、水位的确认，电机火花等级的判定等均需要进行目视。

四、测 量 法

使用塞尺、直尺、卷尺及专用工具测量有关部件间隙、距离、行程等限度尺寸。

五、测 试 法

使用万用表测试电压、电阻、电流的数值，使用试灯测试电路中的断路、虚接等故障。

(1)使用万用表时，应先调好表针处于“0”位，安好表笔(红笔插“+”，黑笔插“－”)，然后根据测试项目，选择好挡位及量程。严格遵守安全操作规程，防止烧表及触电事故。

(2)灯试有正、负灯之分，线夹接正极时称为正灯；线夹接负极时称为负灯。正灯用于测试电器的负端电器故障，负灯用于测试电器的正端电器故障。区分试灯使用的目的是为了避免用试灯直接导通电路，使电器动作造成危害。在实际工作中，大多使用负灯。

(3)断路和虚接故障形式的试灯查找方法如下：

①断路：如通电后电器不动作，可先使用正灯测电器负端，如灯不亮为负端电路断路；如灯亮且亮度正常则证明负端电路正常。再用负灯测该电器操动线圈的正端，如试灯亮为该电器本身故障；如灯不亮则为电器正端断路，正端电路中若涉及的开关及联锁触头较多难以确认故障处所时，应采取优选法，从该电器正端电路中间分段查找，既缩小了测试范围，又缩短了查找故障的时间。

②虚接：车辆在运行中，由于电器触头氧化、松动或接线不牢

等原因，在高速运行发生振动的情况下，造成电路时断时通，电器动作不正常。由于这种故障多发生于车辆运行中，而停车后故障现象随即消失，所以在运行中可根据故障现象及该电路各电器联锁及接线的特点直接判断，不能直接判断的可采用短接的方法，分段短接各联锁触头，直到电器动作恢复正常时，即可判定所短接的联锁触头虚接。**但应注意，属于保护装置的电路不能长时间短接，使其失去保护作用。**

第二节　GC-220 型重型轨道车整备检查

轨道车检查使用工具有检车锤、手电筒、万用表、试灯、尺子、棉纱等。

一、检查作业顺序及路线

1. 局部检查顺序

局部检查顺序原则上应由上而下，由内而外；以检查部位为基本点，由左向右，使应检查的部位包括在检查顺序中，从而做到熟练掌握轨道车检查作业顺序，且检查全面，不漏检。

2. 绕车全面检查顺序

前端→走行部左侧检查→后端检查→走行部右侧检查→底部检查→上部检查。

二、各部检查内容

1. 前端检查内容

(1)前 端 部

上大灯、雨刮器、挡风玻璃完整，下大灯、百叶窗完整，排障器、排石器安装牢固、高度符合规定(排障器底面距轨面高度为 90～130 mm，排障器橡胶板下缘距轨面 20 mm)，如图 2—1 所示。

(2)车　　钩

车钩体、钩舌无裂纹，油润良好；钩舌销、大钩销、开口销齐全

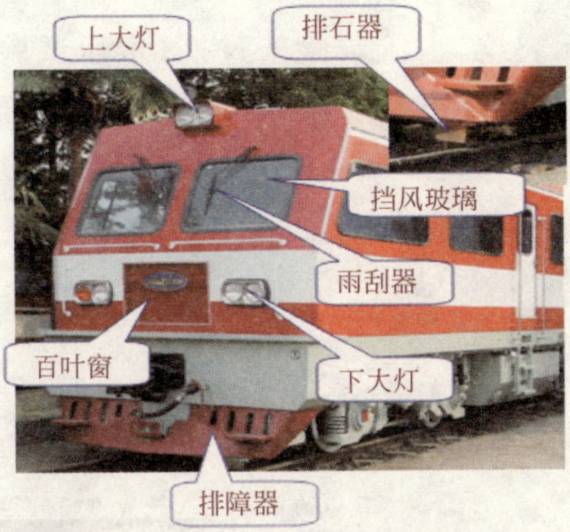

图 2—1　前端检查

(图 2—2)；车钩开闭灵活，车钩三态符合标准。车钩三态指开锁位、闭锁位、全开位；13 号车钩闭锁位基本尺寸为 110～130 mm，全开位基本尺寸为 220～250 mm。

(3)车钩高度

在标准线上用车钩中心高度尺对车钩高度进行测量。测量时上下调整测量装置，当测量装置指针与车钩中心线对齐时，检测装置的读数即为车钩高度值，新车标准值为 880 mm±10 mm，运用车辆车钩高度值为 850～895 mm，如图 2—3 所示。

图 2—2　车钩检查

图 2—3　车钩高度检查

(4)制动软管

制动软管无裂纹、水压试验未过期(水压试验应不超过 6 个月),管卡无松动,接口垫完好,连接器无裂纹,折角塞门及制动软管安装牢固、角度正确、无泄漏,防尘堵及安全链齐全,如图 2—4 所示。

2. 走行部左侧检查内容

(1)车体外观

车体应平整、油漆无脱落,车身无倾斜,局、段标记及车号完整,如图 2—5 所示。

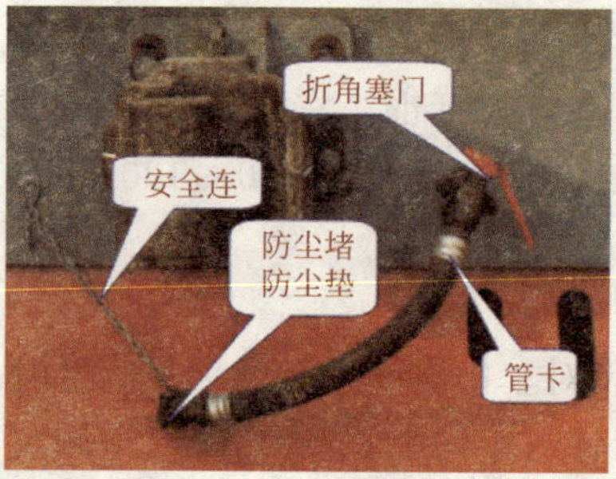

图 2—4　制动软管检查

图 2—5　车体外观

(2)前端裙板内侧

排障器安装牢固、螺丝无松动,机车信号传感器及托架牢固、可靠。机车感应器高度检查:机车感应器底面距轨面高度为 155 mm±5 mm,如图 2—6 所示。

(3)空 压 机

空压机安装螺栓、调整螺栓无松动,空压机无漏油现象,油位符合规定,风扇叶片无裂纹,加油口完好。空压机支架、张紧轮牢固。皮带松紧度一致,且皮带无划伤和龟裂。以 20～50 N 的力下压风扇皮带,其挠度为 10～20 mm;以 20～50 N 的力下压空压机皮带,其挠度为 20～30 mm,如图2—7所示。

图 2—6　前端裙板

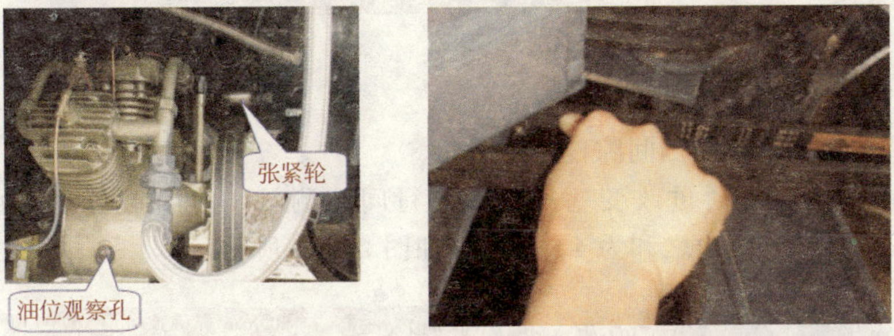

图 2—7　空压机检查

(4)发动机左下部

发动机各螺栓紧固可靠,发动机无漏油、漏水现象。散热器安装牢固,各水管、放水开关无滴漏,如图 2—8 所示。

(5)左一动轮

轮踏面无剥离、擦伤、碾片现象,车轴弛缓线无移动现象。轴箱弹簧完好无裂纹,轴箱端盖螺栓紧固。轴箱内侧油封无漏油,轴箱止挡无开焊、间隙合适(两侧间隙之和为 4～6 mm)。

液压减振器安装牢固,无漏油现象,开口销齐全。牵引杆、拐臂无裂纹、无弯曲,牵引销注油嘴齐全、润滑良好,牵引销、开口销完好。牵引座与车架的间隙符合规定(两侧之和为 29～33 mm)。

闸瓦调整杆无弯曲、螺栓紧固，闸瓦、闸瓦托安装牢固、各销轴的开口销齐全完好，如图 2—9 所示。

图 2—8 发动机下部

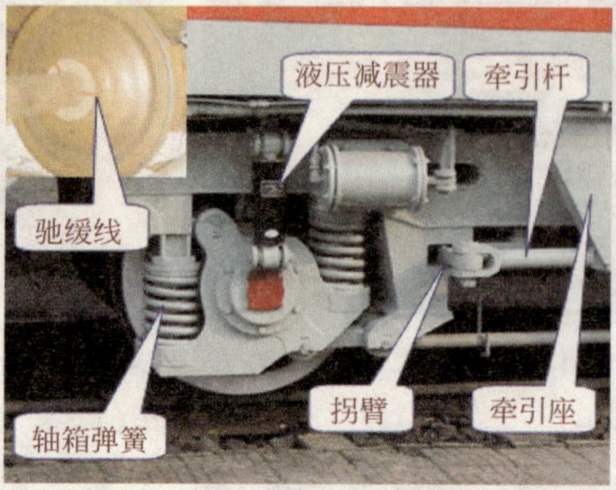

图 2—9 左一动轮

(6)轴箱侧挡间隙检查

用塞尺通过改变塞尺片数进行间隙测量，标准单边间隙为 2～4 mm，两边之和为 4～8 mm，如图 2—10 所示。

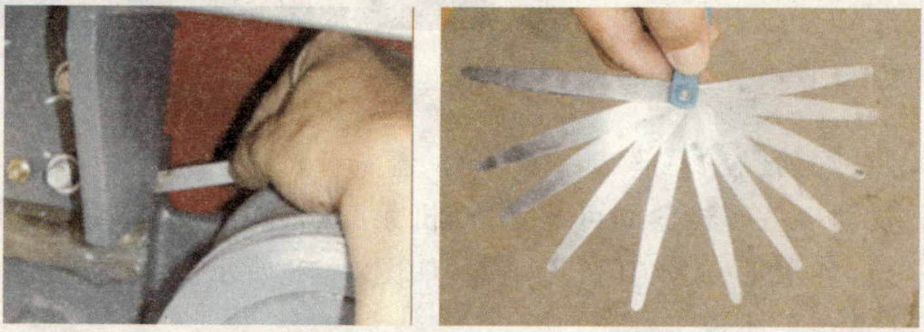

图 2—10 轴箱侧挡间隙检查

(7)车体侧挡间隙检查

用塞尺和试块进行测量，标准间隙两边之和为 29～33 mm，如图 2—11 所示。

(8)点温计的使用

用点温计在距离检测部位 500 mm 左右进行测量，点温计的示数为被测物体的表面温度，如图 2—12 所示。

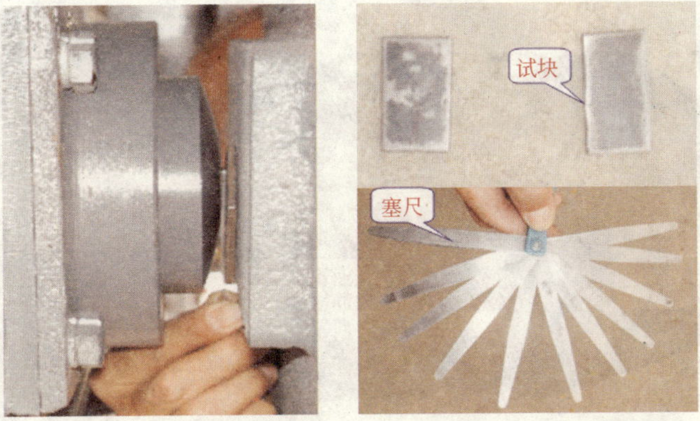

图 2—11　车体侧挡检查

图 2—12　点温计的使用

(9)变　速　箱

变速箱各部螺栓紧固，无漏油现象，油面符合标准，放油堵无松动。变速箱输出法兰无裂纹，轴向间隙符合规定，如图 2—13 所示。车辆运行过程中，变速箱允许最高温度为 120 ℃。

(10)前车轴齿轮箱

各部螺栓紧固，无漏油现象，油面符合标准，如图 2—14 所示。运行过程中车轴齿轮箱轴承部位允许温升为50 ℃。

(11)车轴轴承箱

车轴轴承箱端盖螺栓紧固，无漏油现象；允许温度为(0.6×环境温度＋50)℃，如图 2—15 所示。

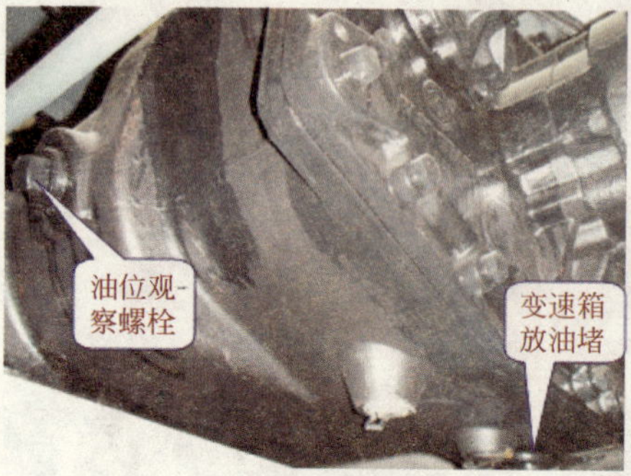

图 2—13　变速箱

图 2—14　前车轴齿轮箱检查

图 2—15　车轴轴承箱

(12)左二动轮

轮踏面无剥离、擦伤、碾片现象，车轴弛缓线无移动现象；轴箱弹簧完好无裂纹，轴箱端盖螺栓紧固；液压减振器安装牢固、无漏油现象、开口销齐全；车轴齿轮箱安装吊杆、减振弹簧、胶垫完好无裂纹，开口销齐全，如图 2—16 所示。

(13)燃 油 箱

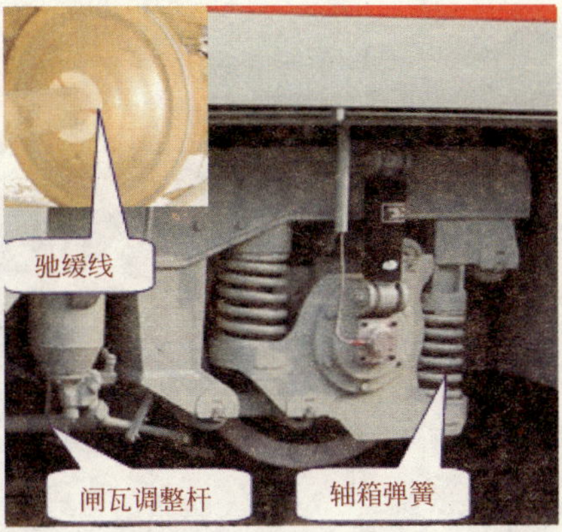

图 2—16　左二动轮

油箱安装牢固，螺栓无松动，燃油清滤器安装牢固，油量不少于 2/3，如图 2—17 所示。

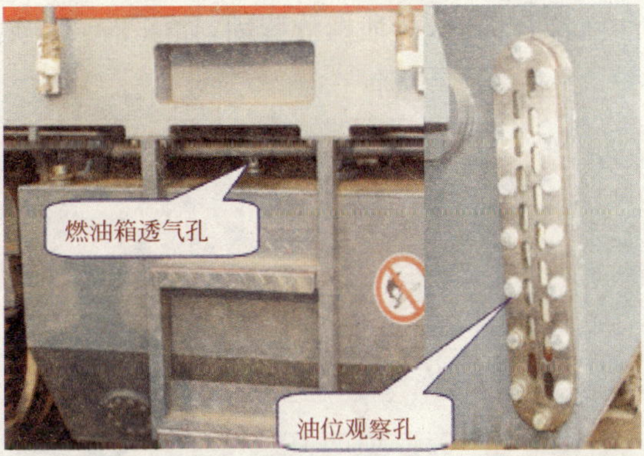

图 2—17　燃油箱

(14)蓄 电 池

蓄电池箱锁闭良好，蓄电池表面清洁、各单节无漏泄、接线无松动，蓄电池透气孔畅通，电解液符合规定，如图 2—18 所示。

(15)传 动 轴

传动轴各螺栓紧固可靠、无弯曲，万向节油嘴齐全、润滑良好；

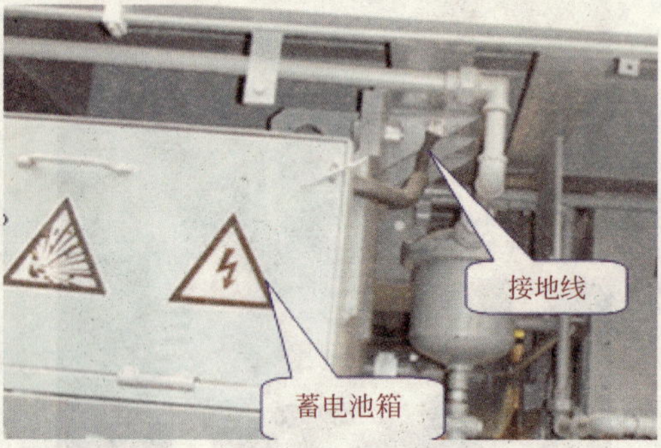

图 2—18　蓄电池箱

万向节总成、套管叉、锁片作用良好，油封盖无松动；传动轴安全托架牢固；螺栓紧固、无松动，如图 2—19 所示。

(16)中间换向分动箱

中间换向分动箱各部螺栓紧固可靠，前后输出轴、输入轴、端盖无漏油，油面符合标准，放油螺栓紧固，如图 2—20 所示。

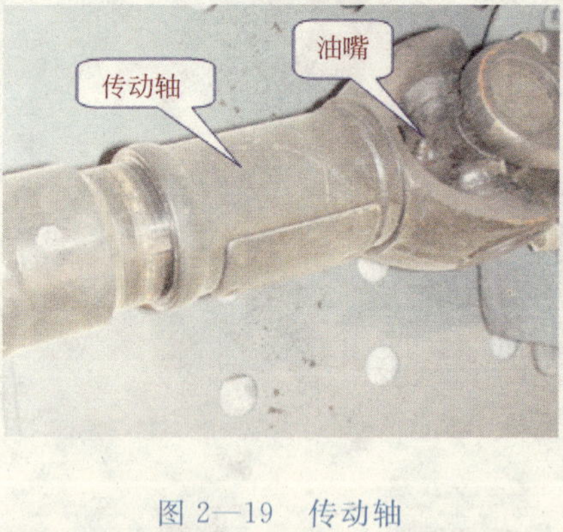

图 2—19　传动轴

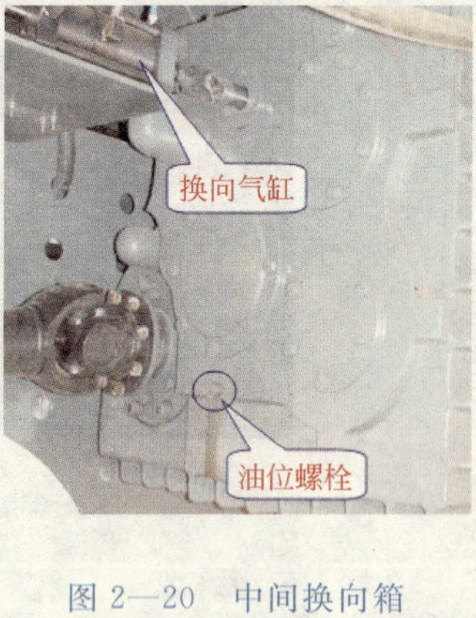

图 2—20　中间换向箱

(17)制动部分

制动缸安装紧固，鞲鞴行程符合规定(80～120 mm)，同车四个鞲鞴行程长短基本一致，相差不大于 5 mm。制动拉杆、闸瓦托作用良好，闸瓦符合规定（闸瓦间隙为 5～10 mm，闸瓦厚度不小于17 mm，更换闸瓦时同一轴上必须全部更换）。安全吊架无脱焊，制动各管系无泄漏，排水阀、截断塞门作用良好，如图 2—21 所示。

(18)左三动轮：检查内容同左二动轮，参见图 2—16。

(19)左四动轮：检查内容同左一动轮，参见图 2—9。

(20)后端裙板内侧：排障器、排石器、机车信号传感器安装牢固，螺栓无松动，信号感应器安装高度符合要求。

手制动机安装座焊接牢固，钢丝绳无断股现象，润滑良好，如图 2—22 所示。

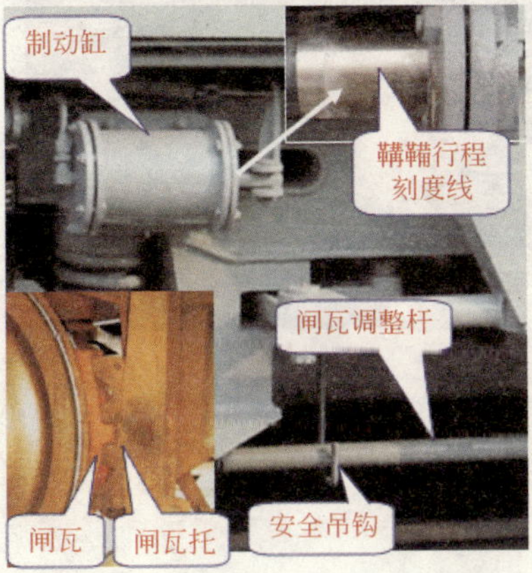

图 2—21 制动装置

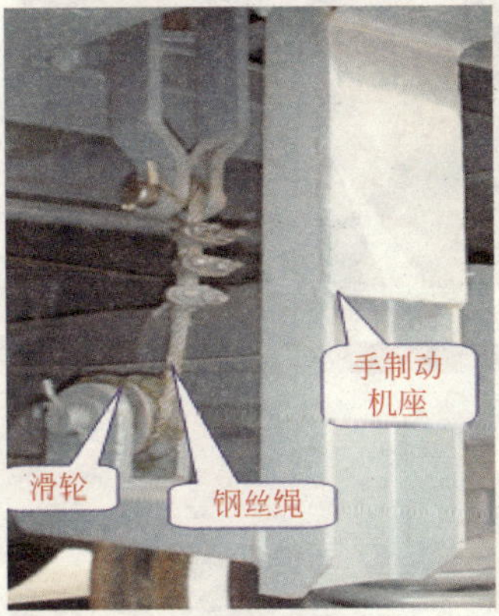

图 2—22 手制动安装座

3. 后端检查内容

(1)后 端 部

检查内容同前端检查的部分。

(2)车　　钩

检查内容同前端检查的车钩部分。

(3)制动软管

检查内容同前端检查的制动软管部分。

4. 走行部右侧检查内容

检查内容基本同走行部左侧检查。

(1)发电机组

安装吊架各螺栓紧固可靠,无漏油、漏水现象,各部件齐全,柜门锁闭完好、可靠,如图 2—23 所示。

(2)消 音 器

消音器、隔热层安装牢固,作用良好,如图 2—24 所示。

图 2—23 发电机组

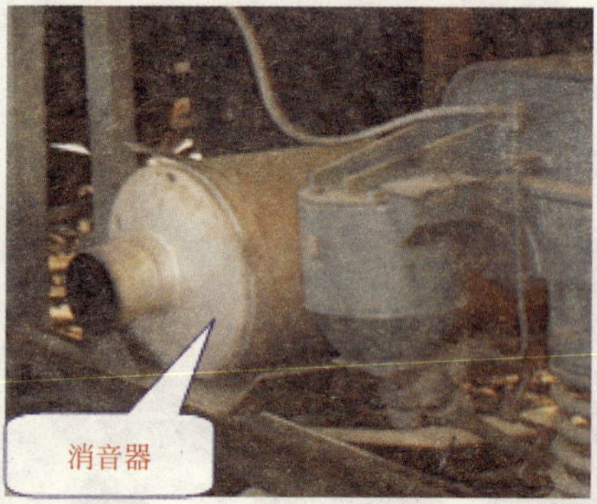

图 2—24 消音器

(3)空气滤清器

空气滤清器安装牢固,滤芯清洁。

5. 车下部分检查内容

(1)75 kW 发电机或配重箱

各安装螺栓紧固、锁止可靠。

(2)固 定 轴

各安装螺栓紧固、锁止可靠,油嘴齐全、润滑良好,如图 2—25 所示。

6. 上部检查内容

(1)门 窗

门、窗玻璃完整,门、窗开关灵活。

图 2—25　固定轴检查

（2）备 品 箱

液压复轨器、安全防护备品齐全，灭火器铅封完好，检验日期均符合规定，无线列调工作状态良好。

（3）水散热器

水散热器盖锁闭完好，水质良好（无油、锈等污物），水位符合标准。

（4）发 动 机

机油尺完好，油量符合标准；发动机机油注油口盖锁闭完好；发动机外观无漏油、漏水、漏气现象；发动机各部螺栓紧固，附件齐全；发动机各传感器、报警器接线良好，接线盒安装牢固；油门装置各销轴、开口销完好；发动机安装座螺栓无松动、开口销完好，如图2—26所示。

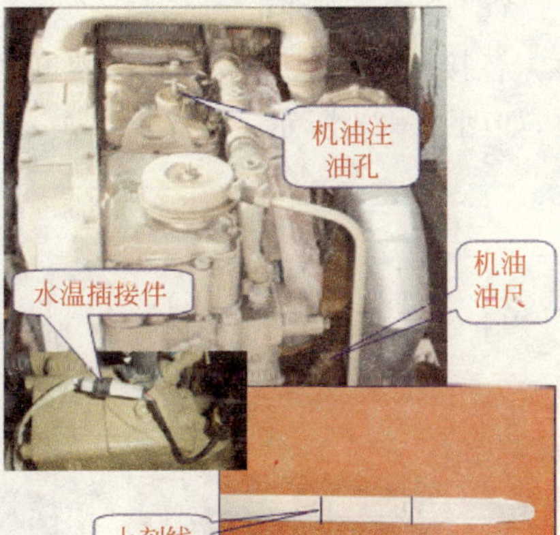

图 2—26　发动机检查

散热风扇无变形、裂纹；各皮带无老化、龟裂，挠度符合规定；各水管安装牢固，卡箍紧固无松动；各处无泄漏现象。

(5)操作台下方

制动各管系无泄漏，塞门位置正确；离合器踏板良好、无松动歪斜，行程符合规定(自由行程为 40～60 mm)，喇叭、撒砂作用阀作用良好，排挡杆作用良好，如图 2—27 所示。

图 2—27　操作台下方

(6)电源控制柜

各接线柱接线无松动，各熔断器完好，各线束无烧损变色现象，如图 2—28 所示。

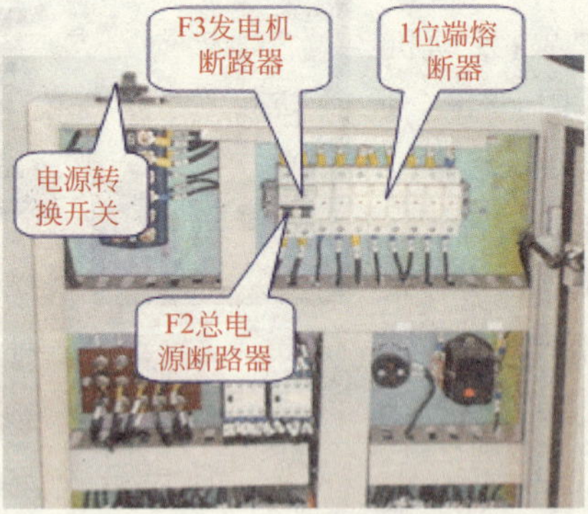

图 2—28　电源控制柜

第三节　接触网作业车全面整备检查

机械传动型的接触网作业车的检查路线同轨道车检车路线，检车内容及检车要求基本一致，除此之外增加以下检查项目：

(1)车辆运行前，随车吊复位，起重钩勾挂牢靠，钢丝绳适当收紧，如图 2—29 所示。

(2)车辆运行前作业平台必须处在中位，如图 2—30 所示。

图 2—29　起重钩

图 2—30　平台中位传感器

(3)行车前平台护栏放下复位并锁定。长途运行时平台护栏用铁丝进行捆绑，确保行车安全，如图 2—31 所示。

(4)车辆运行前，检查手制动机处于缓解状态，如图 2—32 所示。

(5)受电弓安全锁定钩必须处于锁定状态，长途挂运时必须用铁丝捆绑，确保行车安全，如图 2—33 所示。

图 2—31　平台护栏

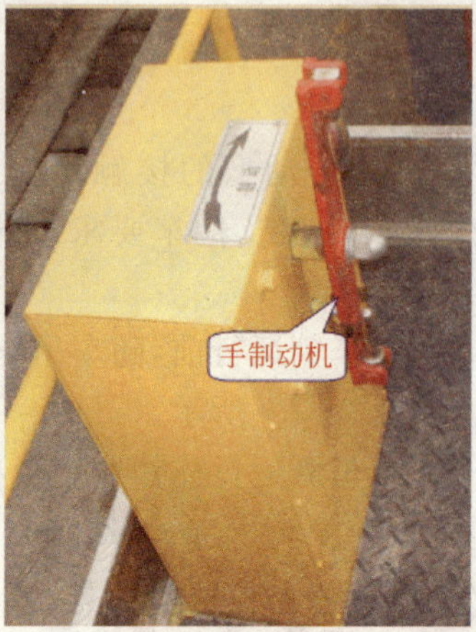

图 2—32　手制动机

图 2—33　受电弓安全锁定钩

(6)车辆移动时抓轨器必须收起,确保与钢轨分离。高速运行前必须收起抓轨器且插入安全锁定销锁定，如图 2—34 所示。

图 2—34　抓轨器

第三章　与安全行车密切相关的装置

一、JZ-7 制动系统前后制动缸、总风缸至作用阀、制动管至分配阀的截断塞门

1. 截断塞门的安装位置

JZ-7 制动系统的 GC-220 重型轨道车、JW-4 型接触网作业车在车辆中部左侧位置（燃油箱一侧）安装了两个前、后制动缸的截断塞门，一个为总风缸至作用阀的截断塞门，一个为制动管至分配阀的截断塞门，如图 3—1 所示。

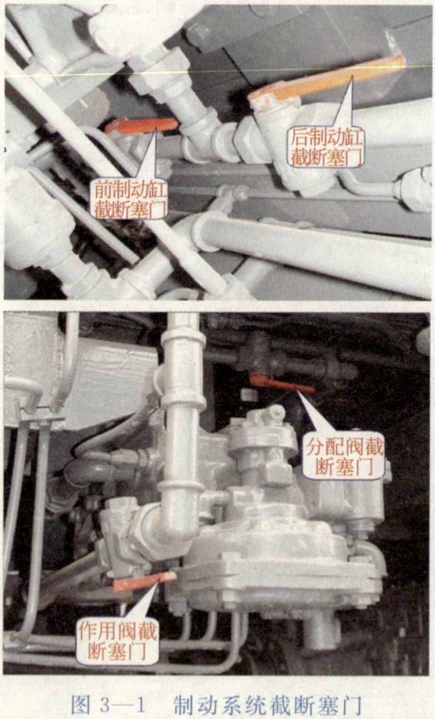

图 3—1　制动系统截断塞门

2. 截断塞门的作用

该截断塞门的设置主要是便于制动管路、阀件、部件的维护和检修，以及制动系统故障、部件损坏时作应急处理用。正常情况下，截断塞门必须处于开启状态。

3. 截断塞门开、断状态

一般情况下，截断塞门手柄所处的位置与风管路平行为开启状态，与风管路垂直为关闭状态。

4. 截断塞门关闭所产生的现象

正常情况下，该处四个截断塞门应该在开启状态。假如在车辆缓解状态下将前制动缸或后制动缸的截断塞门关闭，则前面或者后面两个制动缸不能产生制动。若在车辆产生制动状态下将前制动缸或后制动缸截断塞门关闭，则车辆不能进行缓解。

总风缸至作用阀的截断塞门关闭后，使用自动制动阀和单独制动阀制动时，本务机都不会产生制动。

制动管至分配阀的截断塞门关闭后，使用自动制动阀制动时本务机不会产生制动，而使用单独制动阀制动时本务机能产生制动。

综上所述，前后制动缸、总风缸至作用阀、制动管至分配阀截断塞门关闭，分别是车辆不能制动或者不能进行缓解的一个原因。

二、总风缸截断塞门

1. 截断塞门的安装位置

JZ-7 制动系统的 GC-220 重型轨道车、JW-4 型接触网作业车在车辆中后部中横梁位置处（最后一块活动地板）安装了一个总风缸截断塞门，如图 3—2 所示。

2. 截断塞门的作用

该截断塞门用于开通或截断总风缸与空压机之间的通路。正常情况下，此截断塞门处于开通状态，如图 3—2 所示。若在总风缸充风后，空压机及管路出现了故障，则关闭该截断塞门进行检修，而总风缸内的风压不至于被泄漏。

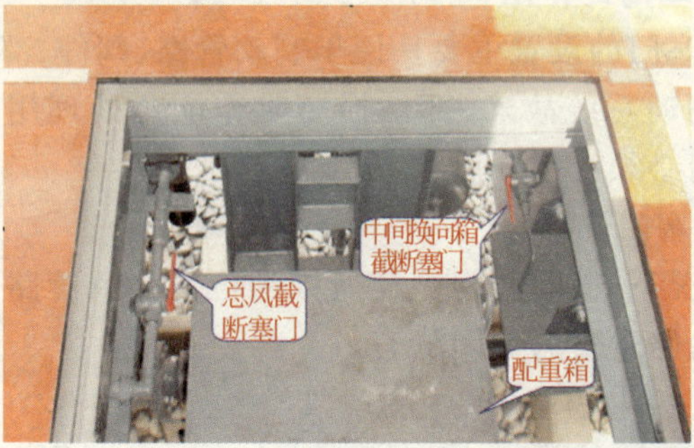

图 3—2　总风缸、中间换向箱截断塞门

3. 截断塞门关闭所产生的现象

该截断塞门关闭后，空压机不能向总风缸充风。若发动机在运转过程中，总风缸风压达不到 700～800 kPa 的标准值，则该截断塞门关闭也是其中一个原因。

三、中间换向箱换向气缸截断塞门

1. 截断塞门的安装位置

GC-220 重型轨道车、JW-4 型接触网作业车在车辆中部左侧下方（燃油箱一侧）安装了一个中间换向箱换向气缸截断塞门，如图 3—2 所示。

2. 截断塞门的作用

该截断塞门用于开通或截断高压风通向换向气缸的风源。正常情况下，此截断塞门处于开通状态。如果电—气动换向机构出现故障不能换向时，则首先关闭该截断塞门，截断高压风源作为应急处理时使用。在进行手动换向前，必须排除截断塞门与换向气缸之间风管路中的风压，再利用备用换向杆进行手动换向，然后将机械锁定机构锁定在运行方向后才能运行，如图 3—3 所示。

3. 截断塞门关闭所产生的现象

该截断塞门关闭后高压风不能进入换向气缸，换向气缸在没有高压风的情况下不能进行气动换向。

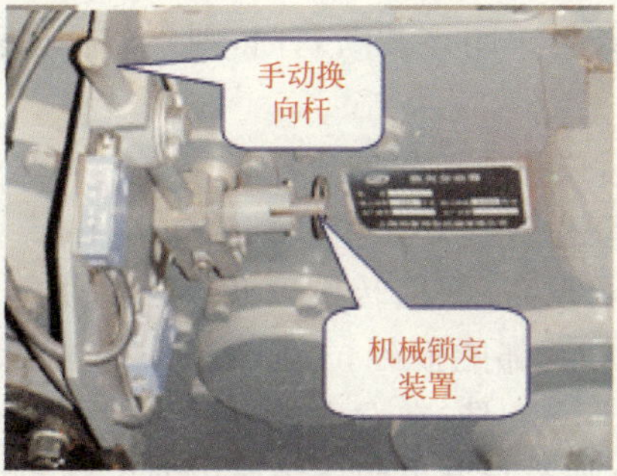

图 3—3　手动换向杆

如果中间换向箱的换向开关转到前进或者后退位时中间换向箱不能换向，该截断塞门关闭是其中一个原因。

四、变速箱截断塞门

1. 截断塞门的安装位置

在变速箱后端，第一块中间活动地板左下方安装了一个变速箱截断塞门，如图 3—4 所示。

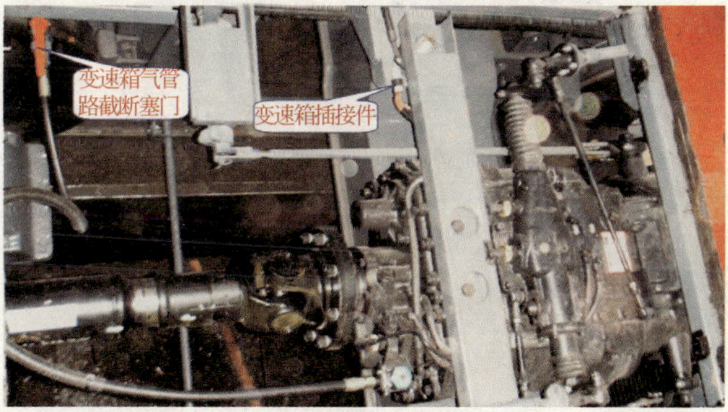

图 3—4　变速箱截断塞门

2. 截断塞门的作用

该截断塞门是用于开通或截断高压风通向变速箱气缸的风

源。正常情况下，此截断塞门处于开通状态。如果变速箱部分出现故障需要检修时，关闭该截断塞门，则不需要将总风缸中的高压风全部排空。

3. 截断塞门关闭所产生的现象

由于截断塞门关闭，变速箱换挡气缸没有了 400 kPa 以上的气压后，就不能实现高、低挡转换以及换挡的功能。操作上，变速杆在高、低挡区角度都能扳到位，而实际上变速箱内部没有实现高、低挡转换。其特征是：在左右扳动变速杆的同时，变速箱上方听不到一种齿轮啮合时发出的碰撞声以及气缸的排气声。此时变速杆若挂到某个挡位时，空挡指示灯仍然会亮。

五、空压机压力调节阀与出风软管

1. 压力调节阀与出风软管的安装位置

在排障器的左内侧、空压机上方安装了一个压力调节阀和与空压机相连接的空压机出风软管，如图 3—5 所示。

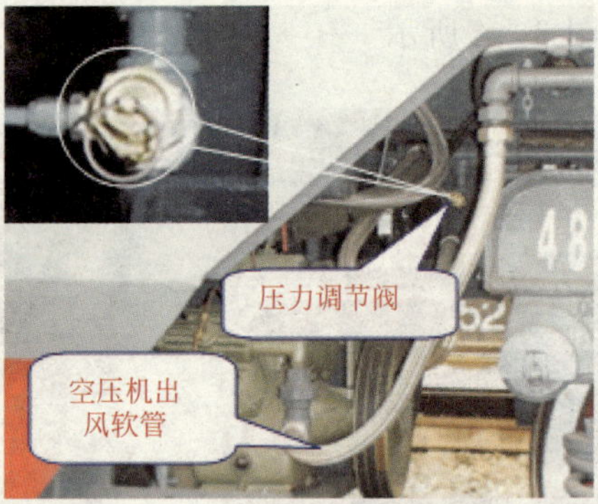

图 3—5　空压机调压阀、出风软管

2. 压力调节阀的作用

压力调节阀用来调节和控制空压机工作压力，确保车辆空气制动系统在任何情况下都能正常使用。正常情况下空压机的工作压力范围是700～800 kPa，即风压低于700 kPa时，空压机开始打风，高于800 kPa时，空压机停止工作。

3. 压力调节阀的调整

空压机在1 500 r/min左右运转时，若风压低于700 kPa时空压机还不打风，或高于800 kPa时空压机还在继续打风，则说明压力调节器调整不当，正确的调整方法为：松开压力调节阀锁紧螺母，在风压低于700 kPa空压机仍不打风时，将调整螺母顺时针拧进1/2～1圈，反之，则逆时针松出1/2～1圈，直至使风压调整到标准值后，再将锁紧螺母锁紧。

4. 空压机出风软管

在实际工作中，该软管老化破裂或接头处松动造成漏风是一种常见故障，这也是总风缸风压打不起来的原因之一。在检查、处理的过程中，发动机不能熄火，当听到空压机附近有一种漏风声，然后用手去试探性捏一捏，则能发现漏风的位置，然后进行螺母紧固或软管更换。

六、离合器调整机构

离合器前、后端自由行程要分开进行调整，调整位置不同，但方法一样。离合器标准自由行程是40～60 mm，若小于或大于该标准时，离合器则应进行调整。以后端离合器自由行程调整为例，如图3—6所示，其调整方法是：

(1)松开锁紧螺母；

(2)取出开口销和连接圆销；

(3)若自由行程大，则需要将拉杆调节叉顺时针向里调整，反之，则需要将拉杆调节叉逆时针向外调整，直至离合器自由行程调整达到标准值为止，然后安装好开口销并拧紧锁紧螺母。

七、变速箱高、低挡位调整机构

机械传动的轨道车、接触网作业车在前、后端分别设计了变速箱高、低挡位调整机构。如GC-220重型轨道车后端就有两处可

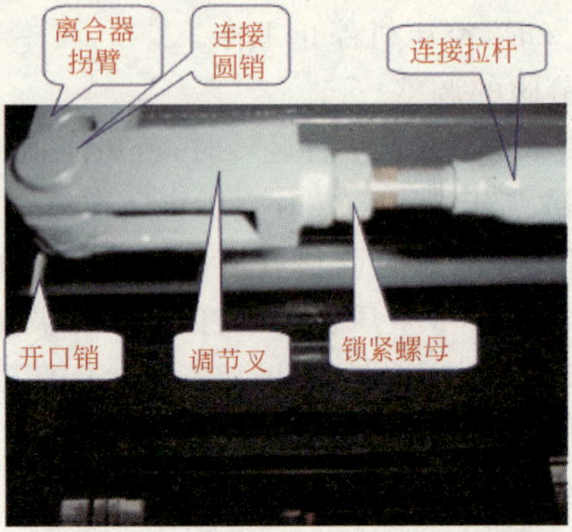

图 3—6　离合器调整机构

以对变速箱高、低挡位实现调整，但最佳调整位置是在后端两个睡铺之间的一个小活动盖板下方，如图 3—7 所示。

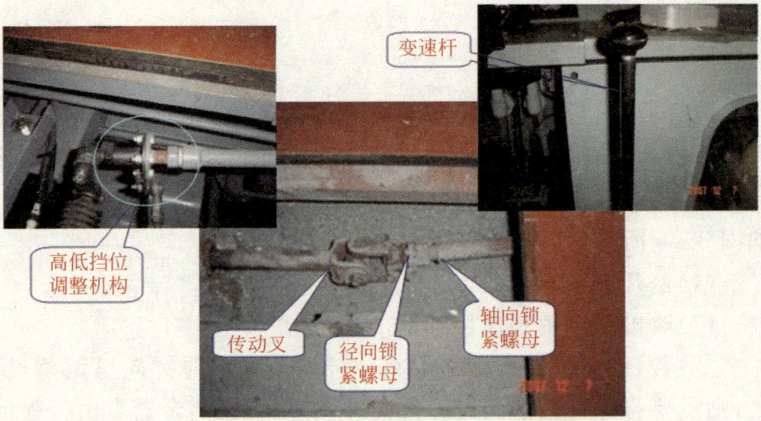

图 3—7　变速箱高、低挡位调整机构

高、低挡位置不合适的调整方法如下：

(1)先松开轴向锁紧螺母，然后再松开径向锁紧螺母；

(2)使后端变速杆与地板基本垂直，然后让人帮忙扶住；

(3)先将径向锁紧螺母拧紧,然后用一根小撬棍将传动叉向与扳手作用力相反的方向撬住,再将轴向锁紧螺母用力拧紧。

八、中间换向箱手动换向锁定机构

在中间换向箱前端上方设置了手动换向锁定机构,正常情况下该机构处于解锁状态,如图3—8所示。

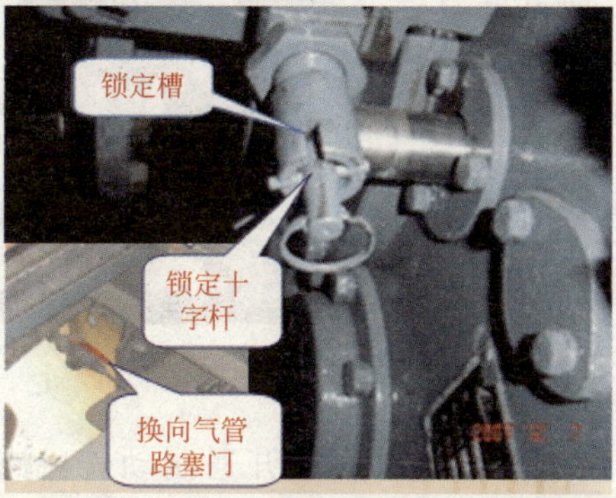

图3—8　中间换向箱手动换向锁定机构

1. 在电—气动换向完好的情况下,机械锁定后会产生以下几种现象:

(1)换向机构锁定在中间位:前进、后退指示灯不亮。

(2)换向机构锁定在前进或后退位:前进或后退指示灯亮。

(3)当换向开关转换到前进或者后退位时,中间换向箱不能换向,但在转换换向开关时,能从中间换向箱部位听到一种轻微的金属碰撞声。中间换向箱不能换向,机械锁定是其中一个因素。

2. 当电-气动换向机构出现故障不能换向时,可启用手动换向锁定机构作进行应急操作。操作方法如下:

(1)关闭中间换向箱换向气缸截断塞门;

(2)排除截断塞门与换向气缸之间管路中的风压;

(3)利用备用换向杆进行手动换向并进行机械锁定。

九、中间换向箱换向行程开关

在中间换向箱前端的换向机构安装板上安装了两个行程开关，如图 3—9 所示。当换向杆处于前进或后退方向时，行程开关触头分别被压迫后，仪表盘上前进或后退指示灯亮，显示中间换向箱换向齿轮所处的位置状态。

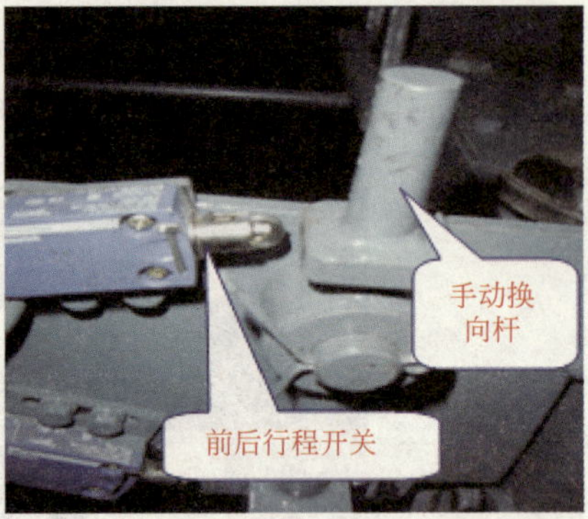

图 3—9　行程开关

十、折角塞门

在车辆前后两端，排障器上方各安装了一个折角塞门，该折角塞门主要用于本车与其他车辆连挂运行时实施开通制动管风路，使前后车辆制动管充风，以实现整列车辆同步产生制动的效果。

单机运行时，该折角塞门处于关闭状态，如图 3—10 所示。

图 3—10　折角塞门

折角塞门或制动管泄漏所产生的故障现象特征是：当制动手柄置保持位时，制动管压力下降，制动缸产生制动，总风缸压力开始上升；当制动手柄置运转位时制动缸即产生缓解，但总风缸压力又在继续下降。这种现象就是制动管路或者折角塞门在泄漏,其处理方法是:将发动机熄火,绕车检查处理。

十一、JZ-7 制动机

自动制动阀(俗称大闸):用来操纵整列车的制动及缓解,它有 7 个作用位置,依次为过充位、运转位、最小减压位、最大减压位、过量减压位、手柄取出位、紧急制动位,如图 3—11 所示。

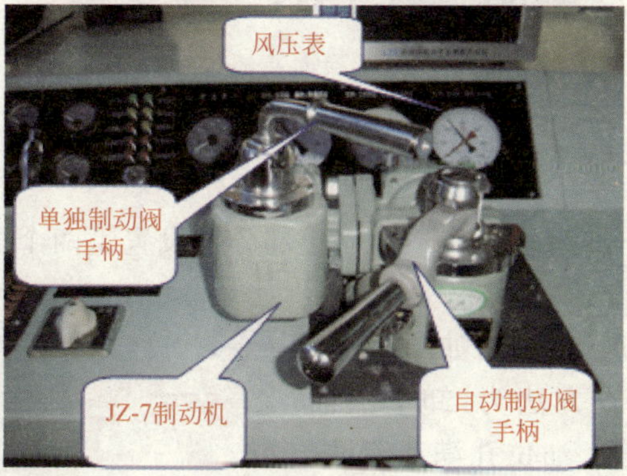

图 3—11 JZ-7 制动机

单独制动阀(俗称小闸):只操纵机车本身的制动及缓解,它有 3 个作用位置,即单独缓解位、运转位、全制动位。

十二、中间换向箱油位检查

中间换向箱在箱体后侧下方设置了一个油位螺栓孔,以便日常检查、保养过程中对中间换向箱油位进行检查,如图 3—12 所示。其检查方法为:卸下油位螺栓,如果油位孔满孔流油,则说明油量过多,此时应将润滑油放出一部分。在放油的过程中,当看到油位孔只有半个孔在流油,说明中间换向箱油位正好合适。如果油位孔没有油流出,则说明油量过少,此时应及时向中间换向箱补充润滑油。

图 3—12　换向箱油位螺栓

十三、车轴齿轮箱油位检查

前、后车轴齿轮箱在下箱体中部分别设置了两个油位螺栓孔，以便日常检查、保养过程中对车轴齿轮箱油位进行检查，如图 3—13 所示。其检查方法为：卸下上油位孔螺栓，若上油位孔满孔流油，则说明润滑油过多；若是半孔流油，则说明润滑油位合适。若上油位孔没有油流出来，再卸下下油位孔螺栓检查，若是满孔流油，则说明润滑油基本上充足；若只是半孔或没有油流出，则说明油量不足，应及时补充润滑油。

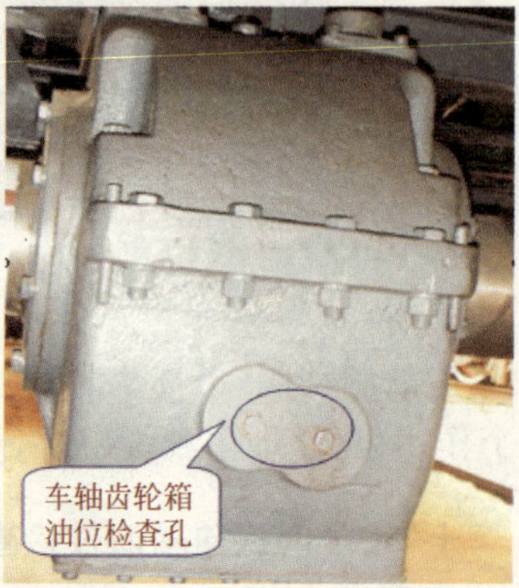

图 3—13　车轴齿轮箱油位

十四、变速箱倒、空、低挡接近开关

GC-220 重型轨道车和机械传动的接触网作业车采用的是陕西汽车齿轮厂引进美国伊顿公司的专有制造技术生产的 Fuller 双中间轴 RT-11509C 型变速箱。Fuller 变速器是一种大功率、多挡位机械式变速器。该变速箱安装有倒、空、低挡接近开关，同时

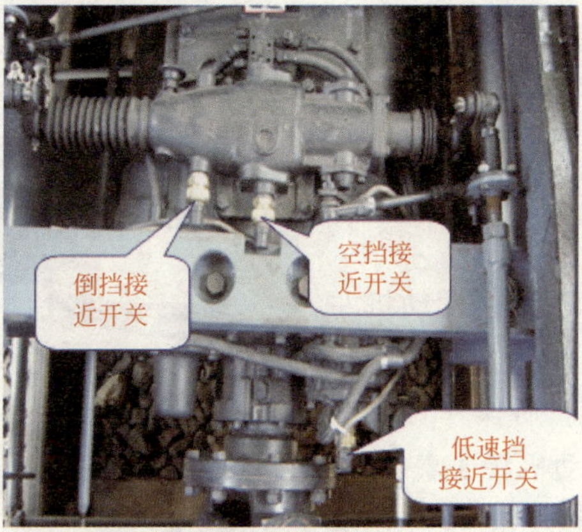

图 3—14　变速箱倒、空、低挡接近开关

在司机操作台的仪表板上对应的设置了倒、低、空挡指示灯，如图 3—14 所示。倒挡、低挡接近开关属于开式开关，空挡开关属于闭式开关。各开关正常工作状态为：

(1)空挡指示灯在没有挂挡的情况下常亮，在挂上任何挡位时熄灭；

(2)倒挡指示灯在挂倒挡时亮，没有挂倒挡时熄灭；

(3)变速杆在低挡区时低挡指示灯亮，变速杆在高挡区时低挡指示灯熄灭。

在确认指示灯完好的情况下，通过指示灯的显示，除了可以确定变速箱的挡位工作状态外，还可判定故障部件.

(1)在挂上倒挡时，车辆能倒退行驶而倒挡指示灯不亮，说明倒挡开关接触不良或损坏。

(2)变速杆在低挡区或挂上低速挡位时，低挡指示灯不亮，则说明低挡开关接触不良和损坏。

(3)低挡指示灯亮，空挡位时空挡指示灯不亮，则说明空挡开关接触不良或损坏。

(4)变速杆在低挡区时低挡指示灯不亮，空挡位时空挡指示灯不亮，但高、低挡区均能换挡运行，则说明电路部分断路或插接件松脱和虚接。

十五、发动机油门与转速传感器

康明斯 NT 系列发动机左侧飞轮壳下方安装了发动机转速传感器，在前、后操作台仪表板上安装了发动机转速表，如图 3—15 所示。康明斯 NT 系列发动机怠速是 575～650 r/min，额定转速是 2 100 r/min，空载最高转速是 2 300 r/min。若怠速和空载最高转速达不到标准或转速表不显示，有以下几种影响因素：

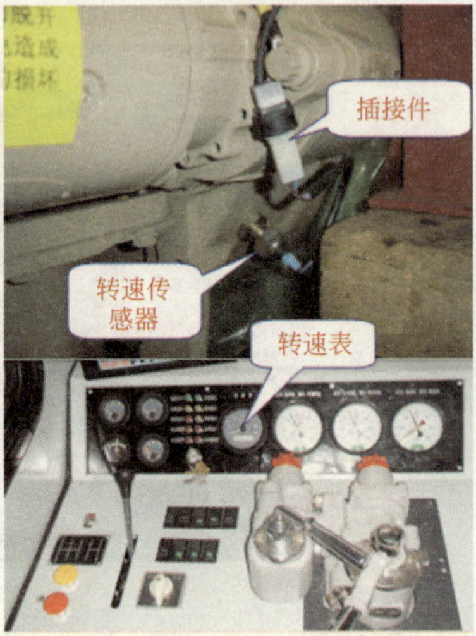

图 3—15　转速传感器

(1)油门调整不当；

(2)转速传感器调整不当或损坏；

(3)转速表不准；

(4)非操作端油门手柄没有放到最低位。

1. 油门装置的设置

在前、后操作台的左上角分别设置发动机油门控制手柄，通过拉杆式软轴连接在发动机油门控制的拐臂上，用来控制发动机的转速。

2. 油门的调整方法(图 3—16)

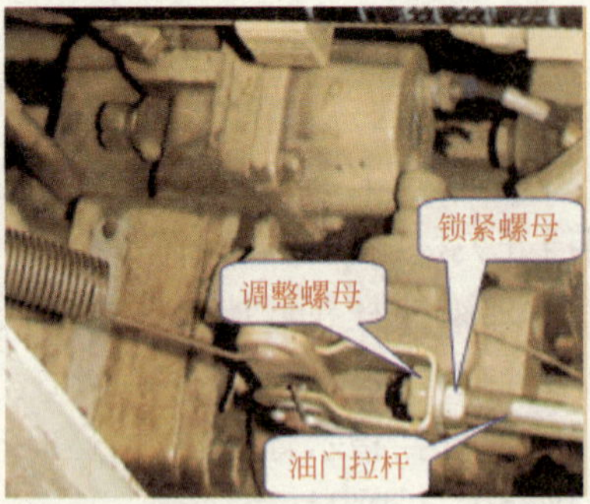

图 3—16　油门调整结构

(1)松开油门拉杆锁紧螺母；

(2)转动调整螺母,调高转速时,将油门拉杆缩短,调低转速时,将油门拉杆放长;

(3)油门转速调至符合标准后再锁紧螺母。

3. 转速传感器拆卸、安装与调整

(1)拔开插接件;

(2)松开锁紧螺母,将传感器卸下清洗、检查,若损坏则更换;

(3)将完好的传感器用 3 根手指的力量拧进传感器的安装孔内,当传感器端部接触到飞轮齿圈时,停止拧进,然后逆时针松出两圈,同时将锁紧螺母锁紧即可;

(4)连接插接件,启动发动机,检查转速表是否已经正常。

十六、侧风门、百叶窗与电磁阀

在一位端主司机位离合器踏板旁的木地板上安装一个型号为 2622B 的电磁阀,用以控制百叶窗和侧风门;同时在前操作台上安装了一个单挡翘板开关控制百叶窗,在后操作台上安装了一个双挡翘板开关,一挡控制侧风门、二挡控制百叶窗,如图 3—17 所示。正向行驶时开启百叶窗;反向行驶时,开启侧风门,关闭百叶窗。

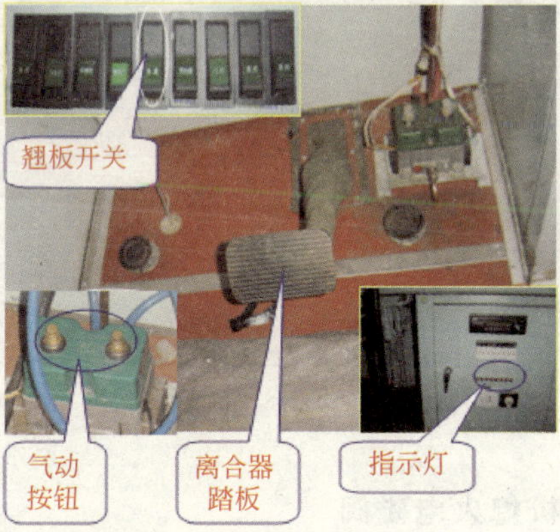

图 3—17 侧风门、百叶窗控制

十七、电-气动换向机构

在中间换向箱后端安装了电-气动换向机构。该机构由换向开关、电磁阀、气管路、换向气缸、拨叉轴等组成，如图 3—18 所示。正常情况下，在总风缸风压达到 400 kPa 以上时，当换向开关转换到前进或后退位时，前进或后退指示灯亮，中间换向箱实现换向功能。

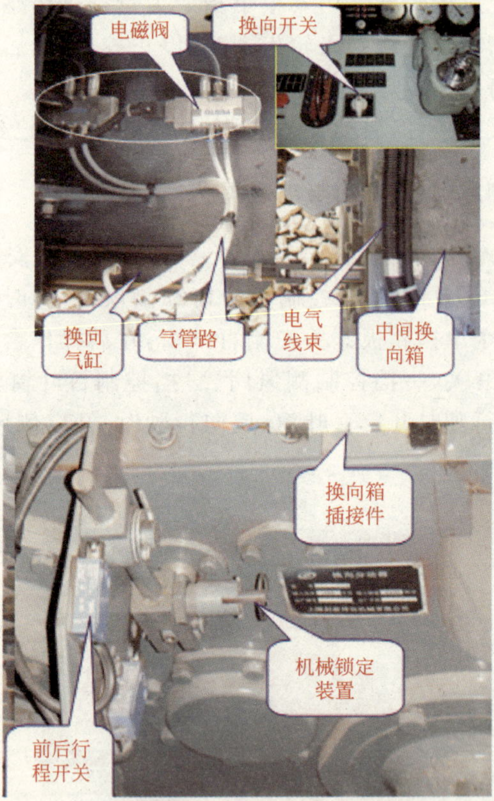

图 3—18　气动换向机构

十八、发动机熄火电磁阀

康明斯 NT 系列发动机的 PT 泵上设置了一个熄火电磁阀，

主要用于开启和关闭燃油通路，安装位置如图 3—19 所示。其工作原理为：电磁阀的电源取自点火开关，开启点火钥匙，当电磁阀得电后产生磁力，将油道口阀门吸附克服回位弹簧的压力向后移动，从而开启燃油通路；关闭点火钥匙，当电磁阀失电后磁力减弱，通过回位弹簧的压力释放，将阀门推向油道口关闭燃油通路。

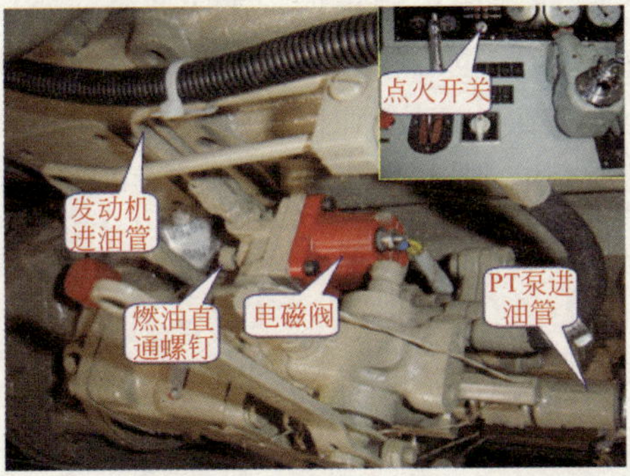

图 3—19　熄火电磁阀

正常情况下，当点火开关打到启动位，启动机即带动发动机运转，几秒钟之内发动机就能启动。如果发动机不能启动，为了判断是电路或油路的故障时，打开引擎罩将熄火电磁阀燃油直通螺钉顺时针拧进，直至拧不动为止，然后重新启动发动机。若发动机能启动，则说明故障出在电路系统上，若发动机不能启动则说明故障出在油路系统上，根据具体情况进行故障处理。

在车辆完好的正常状态下，PT 泵燃油直通螺钉处于不接触油道口阀门的位置上，当电磁阀电路系统出现故障后才将该燃油直通螺钉拧进，顶开油道口阀门使燃油直接进入气缸油腔内供发动机工作。当燃油直通螺钉拧进后发动机不能熄火，在发动机需要停机时则将该螺钉逆时针退出，直至退不动为止，发动机才能熄火。

十九、电源控制柜

电源控制柜安装在车辆前端主司机位侧墙上，整车电源线束接口以及一位端仪表灯、顶灯、电风扇、雨刮器、下大灯、头灯、点火、换向熔断器都集中在该控制柜内，对应的指示灯和发动机小时计安装在柜门上；电源转换开关安装在控制柜的上端面上；二位端的熔断器和对应的指示灯安装在二位端主司机位操作台柜门上；两端共用的两个 63A 的断路器、F2 整车电源、F3 充电电流总断路器安装在控制柜内，如图 3—20 所示。

一般情况下，该电源控制柜处于关闭状态，当电器系统需要检修或电源、电流以及一位端相应的熔断器损坏后，才将控制柜打开进行检修与处理。在处理故障时，本着先易后难原则，如整车无电或电流表未显示充电，则首先应检查 F2、F3 断路器是否断开。

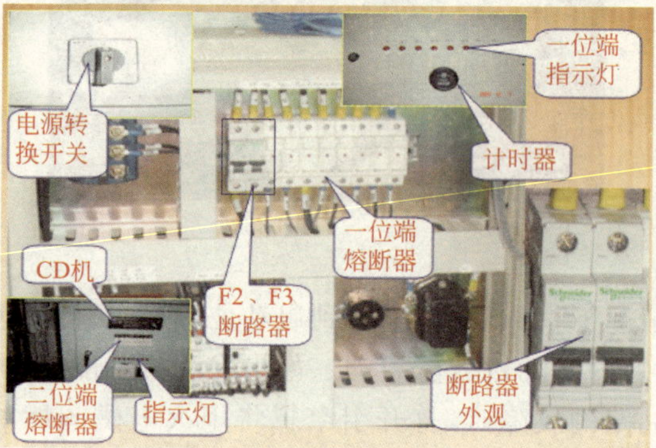

图 3—20 电源控制柜

第四章　常见故障判断和排除

第一节　故障诊断方法

一、车辆故障的特征

(1)操作某个部件时某个部件无动作。

(2)操作某个部件时某个部件动作不正常。

(3)某个部件不显示或显示不正常。

(4)某个总成的零、配件处于不正常状态。

(5)某个总成的零、配件不完整。

二、排除故障应具备的基本知识和基本技能

(1)对车辆各系统、各总成、部件工作状态好坏的识别能力,如康明斯发动机空载最高转速为 2 300 r/min,若通过检查,发现空载最高转速只有 2 200 r/min,根据这种现象就能识别出这是一种故障,同时有能力进行处理,将发动机最高空载转速调整到标准值。

(2)对各操作系统的调整能力,如离合器自由行程的调整。

(3)对简单部件、总成的调整能力,如压力调节阀的调整。

(4)对电气系统简单故障的判断、处理能力,如发现某部件不动作或不正常后,应能迅速查找出对应的连线、插接件或熔断器,并将其恢复正常。

(5)对制动系统简单故障的判断、处理能力,如制动管风压只有 450 kPa,应有能力进行调整。

(6)对各系统的结构、工作原理、用途的了解能力,如换向电磁阀、行程开关的作用原理以及换向锁定机构的使用功能等。

(7)对各总成、部件完整性的识别能力,如某部件总成是由哪

些零、配件所组成等。

三、故障诊断方法

故障诊断的一般方法是:结合结构,联系原理,眼、耳、手到,仪器测定,弄清现象,不漏点滴,从简到繁,由表及里,按系分段,检查分析。除采用先进的仪器、设备检查外,目前多数场合还需凭实践经验来判断故障,其常见的方法有听诊法、部分停止法、比较法及试探法等。

1. 听 诊 法

主要用于异响声音位置的判定。用听诊器或一根一端磨尖的钢棒,将触头放在检查位置,根据所听到的声音鉴别出故障的部位、程度和性质。此方法必须通过不断的实践,总结经验才能逐渐得到比较正确的判断结果。

2. 部分停止法

对某些部件的功能进行封闭的方法。当通过听诊判断故障在某个部位但还不能准确地判定该部位的哪个部分故障时,就可对有些部位用部分停止法来进行判定。例如,用听诊法判定发动机某缸燃烧不正常引起发动机冒烟和敲击,然后采取切断该缸油路(部分停止法),察看敲击和冒烟是否消除,以判定该缸喷油器是否有故障。

3. 比 较 法

用对调或更换部件的方法来判定故障原因的方法。例如,怀疑喷油泵有故障是影响发动机动力不足的主要原因,在可能的情况下,可换上一个新的或合格的喷油泵,若发动机动力得到恢复,就可判定为原喷油泵有问题。

4. 试 探 法

有一些部位的故障可以采用试探法来判定。如怀疑气缸压力不足是因为缸壁间隙大,可向该气缸加入适量机油,若压力显著上升,可判定是间隙大造成的。又如气门敲击声,要判定是哪个缸的气门,可在摇臂与气门杆顶端间插入适当厚度的塞尺,逐个检查,如响声消除，即可判定是该气门间隙过大引起的。

故障往往由多方面因素造成，有时故障的表现形式是类似的，但故障产生的原因却大相径庭。在车辆检查过程中，对各主要总成的关键部位要做到认真检查、仔细观察，判别各部分是否处于完好状态。按照轨道车检查的要求、操作程序逐步进行，不漏检、不漏项，在车辆检查、操作过程中发现一个问题，解决一个问题。

第二节　常见故障和排除

一、动力系统故障

(一)发动机不能启动

1. 故障原因

(1)环境温度太低。

(2)整车或操作端无电。

(3)点火熔断器损坏。

(4)熄火电磁阀损坏或电路出现断路、虚接故障。

(5)点火开关损坏。

(6)燃油未进入燃烧室。

(7)发动机严重拉缸、抱瓦。

2. 处理方法

按照先易后难、由表及里的步骤进行故障处理。

(1)冬季在没有车库或车库没有暖气而且环境温度在－5 ℃以下时，可采用沸水浇烫发动机油管路、PT 泵、燃油滤清器、气缸体上部等部位，以便于发动机启动，若环境温度在－5 ℃以上，则不影响发动机启动。再进行下一步检查。

(2)打开点火开关，仪表盘上机油报警、空挡指示灯正常情况下会亮，若不亮则说明操作端无电。按下电风扇翘板开关，若电风扇(电风扇完好)不能工作，此时应检查电源总开关、F2 电源断路器是否闭合，以及蓄电池连线和搭铁线是否松动，有问题则处理，若无问题则进行下一步检查。

(3)点火开关拧到启动位,启动机无动作。若电风扇能工作,电源转换开关也已转换至操作端,则说明换向熔断器损坏,现象是FU1.7 指示灯亮,更换同规格的熔断器即可,若熔断器没有损坏,再进行下一步检查。

(4)检查熄火电磁阀电线路是否断路、虚接,若是则重新接线或紧固;若没有断路、虚接现象就再检查熄火电磁阀是否损坏,若电磁阀损坏则进行更换,若完好则进行下一步检查。

(5)检查点火开关是否损坏。

①启动:当一位端不能启动时,则到二位端进行启动,如果二位端能启动则说明一位端点火开关已经损坏;如果不能启动则说明一位端点火开关是好的。反之同理。

②熄火:当关闭点火钥匙并拉大油门后发动机还不能熄火,则断开电源总开关,若发动机能熄火,说明点火开关坏了;若发动机不能熄火,说明点火开关没有损坏,故障原因如果不在点火开关上,就进行下一步检查。

(6)燃油没有进入燃烧室有以下几种原因:

①燃油管路中有空气,接头松动或密封垫破损;

②燃油箱内已经没有燃油;

③环境温度低,所使用的燃油牌号不合适,造成燃油冻结。

若是上述某一原因就进行针对性处理,如果不是则进行下一步检查。

(7)检查发动机是否严重拉缸、抱瓦。若发动机在运行中突然熄火,当用撬棍撬动曲轴而曲轴不能转动时,车辆不得再自行运行,需由其他车辆牵引至前方车站。

(二)发动机不能熄火

1. 故障原因

(1)PT 泵燃油直通螺钉处于不正确位置。

(2)点火开关损坏。

(3)熄火电磁阀损坏。

2. 处理方法

按照先易后难、由表及里的步骤进行故障处理。

(1)打开引擎罩，将 PT 泵燃油直通螺钉逆时针旋转退出，直至退不动为止，使油道口阀门处于关闭状态。如果直通螺钉处于正确的位置，则发动机不熄火不是该处的原因，需要做下一步检查。

(2)检查点火开关是否损坏。关闭点火开关后发动机不能熄火，当切断总电源后发动机能够熄火则说明点火开关已经损坏；反之，说明点火开关是好的，需再做下一步检查。

(3)拆除进油管，切断油路使发动机熄火后卸下熄火电磁阀，检查阀门、阀门座口是否破损，回位弹簧是否折断，若损坏则进行修复。

(三)发动机油底壳内有柴油

1. 故障现象

发动机油底壳内的机油在每天检查油量时发现有所增加，越来越超过机油尺上的刻度线，且带有柴油气味。

2. 原因分析

(1)气缸盖出现砂孔。

(2)喷油器“O”形密封圈损坏、老化或少装。

(3)喷油器安装座孔“O”形密封圈的安装部位存在缺陷。

3. 判断方法

(1)卸掉 1～6 缸的气门室罩盖。

(2)卸掉柴油进油管和回油管。

(3)用手指或螺塞堵住回油孔。

(4)取 50～100 kPa 的风压与进油管接头连接(接风源或用高压气筒加压均可)。

(5)在喷油器安装座四周涂抹一层机油，观察 1～6 缸喷油器处有无气泡出现。

3. 故障处理

当发现某气缸喷油器四周有漏气现象，该处即为柴油渗漏部位，视情况而进行处理。如若经过拆检，发现“O”形密封圈损坏，则更换新的“O”形密封圈。重复以上风压试验，确认再无泄漏后，重新调整该缸气门间隙和喷油器柱塞行程，安装气门室罩盖，连接进、回油管，更换发动机机油。

（四）发动机油底壳内有水

1. 故障现象

检查发动机油量时发现机油尺上有水珠，打开透气孔盖也发现有水珠；严重时机油呈银灰色，且油量超过上刻度线。

2. 原因分析

(1)机油冷却器芯子铜管两端焊锡熔化脱落。

(2)机油冷却器安装座衬垫损坏。

(3)机油冷却器“O”形密封圈或密封垫破损或老化。

(4)气缸盖破裂或有砂孔。

(5)气缸床损坏。

(6)气缸套“O”形密封圈破损或老化。

(7)严重拉缸造成气缸套密封圈损坏。

(8)气缸套裂纹或穴蚀。

(9)机体出现高温后，喷油器部位剧热后引起密封不良。

(10)本机空压机缸盖垫破损或缸盖穴蚀损坏。

2. 判断方法

(1)检查水散热器内有无机油浮现。若机油冷却器部分损坏，则水散热器内必然会渗进机油；若水散热器内没有油渍，则表明机油冷却器部分没有损坏。

(2)卸开气门室罩盖，检查气缸盖各缸上部有无渗漏水迹。若气缸盖下部渗漏，则发动机会产生冒白烟现象，严重时，进、排气道有水溢出。

(3)气缸床损坏，将会出现明显的窜气敲击声。

(4)放出发动机机油，卸开油底壳；用电筒或灯光检查各气缸套下部有无渗漏水珠。若缸套有裂纹或产生穴蚀，则水散热器会出现翻水现象。若拉缸造成密封圈损坏，则发动机会出现异常敲击声。

(5)喷油器部位剧热后引起密封不良，则5、6缸的气缸盖后端油漆会出现被烤焦现象。

(6)拆开本机空压机缸盖，检查缸盖垫和缸盖是否完好。

3. 故障处理

针对损坏零件进行施修。如发现某气缸套下部有渗漏现象，则需揭开气缸盖，更换气缸套及缸套密封圈。水压试验无渗漏后，安装气缸盖，进、排气、水道，调整各缸气门间隙和喷油器柱塞行程等。

(五)发动机加大负载后熄火

1. 故障现象

水散热器漂浮着一层柴油，排气管冒白烟，加大负载后发动机就熄火，当重新启动时发动机又可以着火。

2. 原因分析

水散热器内出现柴油说明燃油通道与冷却水腔已经相通。排气管冒白烟，是由于燃油中掺和着水分一同进入气缸，在缸内高温下产生水蒸气从排气管排出。由于燃油掺和了水分质量变差，在缸内燃烧不好，当负载增大时则导致发动机熄火。

3. 判断方法

气缸盖在结构上是油道、水腔并存的一个部件，正常情况下两者是通过间壁相互之间隔开的，若缸盖在铸造时存在间壁薄等缺陷，经过长时间的使用，水对间壁锈蚀和穴蚀，致使油道与水腔相通，出现油中有水，水中有油的非正常现象。

(1)拆除1～6缸相互之间的柴油跨越管，观察油道孔内柴油的质量；若某缸盖油道孔水珠比例较多，则初步判断为该气缸盖损坏。

(2)拆除该气缸盖，对该气缸盖进行耐压试验。将该气缸盖水腔内加满水，然后堵住回油孔，用风管或高压气筒对进油孔加压。若水腔内的水溢出，则该气缸盖就是油道、水腔已经相通的气缸盖。

4. 故障处理

(1)更换已损坏的气缸盖。

(2)安装气门摇臂、进、排气歧管等部件。

(3)按规定调整各缸气门间隙和喷油器柱塞行程。

(4)连接各水管并加水,检查机油,启动发动机。

(六)发动机功率不足

1. 故障现象

车辆在同路段、同载荷的情况下,运行速度较以前有所下降,即在同路段、同载荷的情况下,要降低一至两个挡位运行。

2. 原因分析

(1)供油不足。

(2)进气不畅。

(3)气缸压力差。

3. 判断方法

(1)供油不足判断及处理方法

①判断:启动发动机,将发动机油门拉到最大位置,仔细观察发动机转速表,若 2～3 min 后发动机转速表指针稍有下降(10～20 r/min),则说明柴油滤清器堵塞。

②处理:更换柴油粗滤器及柴油细滤器,清洗 PT 泵滤网。清洗和更换方法详见《发动机使用保养说明书》。若车辆使用不久后又出现“发动机功率不足”的现象,重复上述判断方法,若滤清器再次堵塞,那么就需要彻底的清洗燃油箱及燃油管路系统,同时更换柴油粗、细滤清器。

(2)进气不畅的判断及处理方法

①判断:发动机机油在没有外漏的情况下有明显的消耗且排气管有冒蓝烟现象。

②检查与处理:松开增压器与进气跨越管连接软管卡箍,拆除进气跨越管连接螺丝,取下进气跨越管,观察有无机油存在,若有则说明进气受阻。此时,需要彻底清洗或更换空气滤清器滤芯。

(3)气缸压力差的判断及处理方法

①判断:气缸压力差有两个方面的原因产生,一是活塞环与缸

套磨损，配合间隙超过极限尺寸，密闭性变差。正常情况下，此种现象一般表现在车辆行驶 7 万～8 万 km 以后；二是由于进、排气门长期处于高温下工作，若气门间隙调整不当，极易造成气门工作面烧蚀，导致气门密封不严。

根据车辆的运行状态，短期内对气门间隙有无调整的记录来判别气缸压力差的形成原因。

②检查与处理：

a. 拆卸气缸盖，检查气门工作面是否有蚀点或存在未接触区域，即气门工作面有部分发黑。

b. 若气门工作面接触不好，则应对气门、气门座进行铰削和研磨。

c. 气门研磨后应做密封性检查。

d. 按顺序，各部件进行安装。

e. 气门间隙和喷油器柱塞行程调整。

f. 连接水管，加水，检查机油，启动发动机。

(七)发动机出现报警轰鸣声或吹哨声

1. 故障现象

当变速箱挂 7 挡以后，尤其是挂 8 挡运行时，发动机部位出现一种报警轰鸣声(严重时)或吹哨声；摘挡后，此声音消失。发动机在各种转速下空载运转，也听不到任何异响。

2. 判断方法

该异响出现后，有意识地在 7、8 挡位反复进行挂挡、摘挡的动作。若挂挡后该声音出现，摘挡后消失，则说明增压器与进气跨越管连接的软管卡箍有松动或软管有破损。

3. 检查处理

揭开引擎罩，检查增压器连接软管是否破损，若完好，则检查软管卡箍。如果卡箍螺栓滑扣，临时处理方法为：卸下螺母，在丝扣损坏部位垫上一个内径大于此丝杆的螺母或几个垫圈，然后装上该螺栓螺母且紧固，也可以用两个水管卡箍连接，以代替原卡箍作临时性使用。

(八)发动机运行途中突然熄火

1. 判断方法一

用点火钥匙启动启动机,若发动机能随启动机转动自如,而只是不能着火,则说明柴油油路故障,应从油路中着手排除故障。

处理方法一:

(1)将 PT 泵前端燃油直通螺钉顺时针拧进,直至拧不动为止,此时燃油不受截断阀门控制,油路处于一种直通状态。

(2)再次启动发动机,若发动机能迅速启动,则说明 PT 泵电磁阀断电后将燃油路关闭,使柴油机断油后熄火。发动机在这种供油启动方式下可以运行至终点站。

(3)逆时针拧出燃油直通螺钉,直至拧不动为止,恢复原有供油状态,然后排除电路故障。

处理方法二:

若在 PT 泵燃油直通螺钉拧进后,发动机仍不能启动,则说明油路漏气或油路被完全堵塞,如冬季燃油已经被冻。此时应采取以下措施:

(1)卸下 PT 泵与滤清器之间的进油管。

(2)将备用的加长油管一端与 PT 泵进油口连接,另一端插入备用柴油桶(25 kg 塑料壶)内。

(3)卸下发动机回油管的外端同时插入备用柴油桶内,以使发动机的回油进入备用柴油桶内,提高备用柴油桶内柴油的利用率和延长使用时间。

(4)运行前方站后终止运行。

(5)待油路故障排除,恢复进、排油管路后,车辆方可运行。

2. 判断方法二

用点火钥匙启动启动机,若发动机不能随启动机转动,则说明发动机出现了抱缸、烧瓦故障。此时应用撬棍撬动发动机的方法来进行处理。

处理方法:

(1)变速箱挂上高挡位。

(2)用大撬棍撬动传动轴,使发动机经过反复撬动后能够转动自如。

(3)再次启动发动机,若发动机能启动,此时应立即将车辆运行至前方站后终止运行。

(4)待故障彻底处理后,车辆方可运行。

二、冷却系统故障

(一)水散热器内有柴油

1. 故障现象

发动机冷却系统,水散热器膨胀水箱水面上漂浮着一层柴油。

2. 原因分析

(1)用装过柴油的桶(壶)给发动机加水,将残留的柴油一并加到水散热器内。

(2)康明斯发动机从结构上不同于其他机型,其进、回油道及喷油器存油油腔均设置在气缸盖内,气缸盖内同时设置有冷却水腔,若柴油道与冷却水的间壁上出现疏松砂眼,当发动机工作时,柴油会产生一定的压力,此时柴油进入冷却水道内。

3. 判断方法

水散热器内有柴油,根据原因分析只有两种可能性,若第一种因素被否定后,则说明某个气缸盖的油、水通道已经被窜通。

4. 故障处理

(1)拆卸进、排气歧管。

(2)拆卸气门室罩及摇臂室。

(3)拆卸气缸盖。

(4)对气缸盖进行逐个水压试验。

(5)更换气缸盖。

(6)按顺序安装、调整各部件。

(二)水散热器内有机油

1. 故障现象

水散热器膨胀水箱内漂浮着一层机油。

2. 原因分析

(1)用装过机油的桶(壶)给发动机加水,将剩余的机油一并加到水散热器内。

(2)机油冷却器芯子铜管两端焊锡处个别已有裂纹。

(3)机油冷却器"O"形密封圈或密封垫有轻度损坏。

3. 判断方法

水散热器内有机油,若不存在原因分析的第一种情况,则机油冷却器部分损坏是膨胀水箱内产生机油的根本原因,是冷却器芯子损坏还是"O"形密封圈损坏有待于进一步检查、试验。

(1)拆卸机油冷却器总成。

(2)更换机油冷却器端盖密封垫和"O"形密封圈。

(3)将机油冷却器水道空腔加满水或将机油冷却器总成放入水池中。

(4)用风管或高压气筒对机油道加压试验,若水道出口冒气泡,说明机油冷却器芯子损坏;若没有冒气泡,则说明原密封件损坏。

4. 故障处理

(1)试验后确认冷却器芯子损坏则更换。

(2)将修复后的冷却器按上述方法进行耐压试验,确认无泄漏后可装车使用。

(3)启动发动机,使冷却水不断循环。用水对膨胀水箱进行反复冲洗,使冷却系统内的机油溢出、溢尽。

(三)膨胀水箱口向外翻水

1. 故障现象

发动机水温显示 80 ℃以下,带载加大油门时膨胀水箱口向外翻水;测量或用手指触摸水温只有 40 ℃~50 ℃。

2. 原因分析

(1)康明斯本机空压机水道密封垫损坏,压缩空气进入冷却系统。

(2)水泵损坏或冷却水管堵塞,冷却水不能循环,发动机产生剧热,冷却水膨胀。

(3)气缸套穴蚀,气缸内所形成的压缩气流从穴蚀部位窜入冷却水腔,致使冷却系统内产生了一定的压力。

3. 检查与处理

该故障产生后,本着先易后难的原则,依次拆检本机空压机缸盖,水泵、水管。若两者均无损坏,则对各气缸套进行检查,即将各缸活塞摇至下止点,用灯光逐一检查各气缸工作面,必要时将各气缸套拔出检查。当发现某气缸套有穴蚀后,可终止对其他气缸套检查。更换该气缸套即可。

(四)发动机水温高

1. 故障现象

发动机水温显示 95 ℃以上,膨胀水箱盖处手指不能接近,透气孔向外喷蒸汽。

2. 原因分析

(1)长大坡道重载牵引。

(2)水散热器水量不足,补水时水未加满或运行途中已经泄漏。

(3)水泵叶轮片损坏或叶轮与水泵轴配合已松动。

(4)水散热器水垢较多,存水量减少,散热效果降低。

(5)百叶窗或侧风门未开启(开关已打开但实际没有开启)。

3. 判断与处理

(1)平直道牵引水温正常,坡道牵引水温高。出现这种现象应判别是原来(新车)就有,还是使用后期产生。前者属于散热能力不足,后者属于水散热器外部脏污或内部已经形成水垢。

散热能力不足处理方法:冷却风扇直径原为 26 英寸,若将风扇护圈改大,用 28 英寸风扇替换 26 英寸风扇,可提高冷却效果。

水散热器脏污或水垢的处理方法:外部脏污用水进行冲洗。内部水垢则按散热器水垢的清洗方法进行处理。清洗方法有很多

种,下面介绍一种仅供参考:

溶液成分:苛性纳(火碱)750 g,煤油 150 g,水 10 L。

清洗方法:将溶液过滤后加入冷却系统中,停留 10～12 h 后,启动发动机,以怠速运转 15～20 min,直到溶液开始有沸腾现象为止,然后放出溶液,再用清水冲洗三次。

(2)水泵损坏造成水温高的特征为:挂挡运行,水温急剧上升,摘挡后,发动机空负荷运转,水温下降。另外水散热器上部与下部温度有明显差异。

处理方法:拆卸水泵总成,检查、更换损坏部件。

(3)水量不足或百叶窗、侧风门未开启造成水温高的现象为:水温偶然(突发性)上升,水温出现报警。

检查处理方法:

①检查百叶窗或侧风门是否开启。

②检查有无漏水现象以及水量是否足够。

三、传动系统故障

(一)中间换向箱不能换向

1. 故障原因

(1)总风压力不够或换向气缸没有风(换向风管路截断塞门关闭)。

(2)熔断器坏(FU1.8 指示灯亮)。

(3)机械锁定装置处于锁定位置或换向杆发卡。

(4)换向电磁阀不得电或失效。

2. 处理方法

按照先易后难、由表及里的步骤进行故障处理。

(1)确认总风缸风压,若风压达到 500 kPa 及以上时,操作换向开关,若仍不能换向,进行第二步。

(2)检查熔断器是否损坏,若 FU1.8 指示灯亮,说明熔断器损坏,更换熔断器,更换后故障仍旧,进行第三步。

(3)检查中间换向箱截断塞门是否处于开启状态,若开启进行第四步。

(4)将换向机构上方的活动地板打开，检查中间换向箱换向机械锁定装置是否解除，若正常进行第五步。

(5)检查换向电磁阀接线是否紧固牢靠，插接件是否松脱，若接线或插接件虚接、松脱，则重新紧固、插接。

(6)若按上述方法处理仍不能排除故障，则应关掉换向机构风管路塞门，并排除管路中的气压，用备用换向杆将换向机构扳到所需的运行方向，同时将锁定机构进行锁定后即可运行。

(二)变速箱没有低挡或没有高挡

1. 原因分析

变速箱没有低挡或高挡一般只有两种可能。第一种情况是双 H 阀出现了卡滞，导致高、低挡拨叉轴不能在高、低挡区之间转换。第二种情况是变速连动杆连接处锁紧螺母松动，导致变速杆在变换高、低档位时失效。

2. 处理步骤及方法

(1)正向变速失效时，打开变速箱上方活动地板；反向变速失效时，打开反向变速连动杆连接处活动盖板。

(2)左右扳动变速杆，观察连动杆锁紧螺母有无松动或前、后连动杆是否相对转动。

(3)若松动，则按第二章中变速箱高、低挡位调整机构的调整方法进行调整。

(4)若经检查，变速连动杆没有松动，而高、低挡区又不能相互转换，则说明双 H 阀已经卡滞。在时间允许的情况下，将备用双 H 阀换上即可；若时间不允许，则利用高挡或低挡运行至前方站进行处理。

(三)车辆运行中换向箱突然出现"咔啦啦"的齿轮撞击声

1. 故障现象及原因

车辆运行过程中，中间换向箱突然出现"咔啦啦"的齿轮撞击异响，当变速箱摘挡后，异响消失。这一现象是换向电磁阀失电或线路断路造成中间换向箱脱挡。

2. 处理方法

(1)停车。

(2)将中间换向箱手动换向机构锁定在运行方向。

(3)启动车辆,继续运行,同时观察换向箱是否还存在异响。

(四)中间换向箱至车轴齿轮箱的传动轴有一根损坏

处理方法:

(1)卸掉已损坏的传动轴。

(2)用 M6 内六角扳手卸掉换向箱后输出轴上方的单桥驱动装置罩体固定螺钉。

(3)拔出单桥驱动齿轮锁定销。

(4)将单桥驱动齿轮向内推,当齿轮到位后,用锁定销进行锁定。

(5)安装单桥驱动装置罩体。

(6)启动车辆,运行至终到地点后,修复传动轴,恢复单桥驱动装置。

四、制动系统故障

(一)制动手柄置保持位—总风缸压力上升—制动缸产生制动,制动手柄置缓解位—总风缸压力下降

1. 原因分析

(1)制动手柄置保持位时,总风缸压力上升,这说明空压机和高压风管路部分是完好的。

(2)制动手柄置制动位制动缸产生制动,实质上就是一个排风减压过程。在没有将制动手柄推至制动位,制动手柄还处于保持位的时候,制动缸产生制动则说明制动管某处漏风。

(3)当制动手柄置缓解位时,总风缸压力下降。制动手柄在缓解位时,实质上是一个总风缸向制动管不断充风的过程。当制动管的漏风量大于空压机的充风量时,总风缸压力就会下降。

2. 判断方法及步骤

(1)将发动机熄火,下车后绕车一周检查车辆哪里有漏风的声

音。

(2)听到有漏风的声音后，顺着声音寻找有漏风的部位，并用手触摸所怀疑漏风的部位。发现漏风的部位后，进行紧固或将没有关闭好的折角塞门进行复位。

(二)发动机启动后，总风缸风压达不到标准值，加大油门后风压也不再上升

1. 原因分析

(1)空压机处于卸荷空运转状态。

(2)空压机皮带松旷或皮带已断，行车过程中经常遇到这种情况。

(3)连接空压机的风管经过车辆运行中的振动而产生漏风。

(4)某风缸排污开关关闭不严。

(5)空压机充风管路截断塞门处于关闭状态。

2. 处理方法

(1)检查空压机皮带是否松旷或皮带已断。

(2)检查空压机是否有“嘣嘣”的空气压缩声。如果有，则说明空压机工作正常；如果没有，就将压力调节阀带有钥匙环的阀针按下，若能听到“嘣嘣”的空气压缩声，则说明压力调节阀没有调整好，需要对压力调节阀进行重新调整。按下调节阀阀针后仍听不到空气压缩声则说明卸荷阀卡滞，则需要对卸荷阀活塞、活塞杆进行清洗、研磨等检修。

(3)检查空压机出风管以及出风管接头是否漏风，若漏风则进行紧固处理。

(4)空压机部分的完好性检查应该是在发动机发动的情况下进行。如果这部分经过确认是完好的，就可以将发动机熄火，继续对高压风管路各接头以及高压风各风缸排污开关的密封性进行检查。

(5)如果经过上述的检查还没有找到风压达不到标准值的真正原因，就要对空压机充风管路截断塞门是否处于开启状态进行检查。

（三）自动缓解

对已经施行制动的物体，解除或减弱其制动作用，称为缓解。所谓自动缓解就是车辆产生制动后，制动手柄置保持位，经过一段时间车辆就缓解。

1. 原因分析（只限于单机）

（1）制动机内部泄漏。

（2）工作风缸管路泄漏。

（3）缓解阀漏风（H-6）。

（4）制动缸皮碗破、漏风。

（5）制动闸瓦间隙调整过小，制动缸鞲鞴伸出量小于鞲鞴漏风沟长度，漏风沟漏风。

（6）分配阀模板破损。

2. 判断方法及步骤

（1）制动机内部泄漏：当制动管风压达到 500 kPa 后减压 40 kPa，制动手柄置保持位后关闭截断塞门。若车辆不自动缓解，则说明制动机内部在泄漏；若车辆自动缓解，则说明制动机内部没有泄漏，缓解的原因不属于制动机。

（2）工作风缸管路、缓解阀泄漏：检查工作风缸管路和缓解阀附近是否有漏风的声音，并用手去触摸漏风相关位置，当发现漏气的部位后，则进行紧固或修复。

（3）制动缸皮碗破、漏风：这种现象在现场经常遇到，其特征是某个制动缸皮碗漏风，某个制动缸就产生自动缓解。

（4）制动闸瓦间隙调整过小：制动缸鞲鞴伸出量小于鞲鞴漏风沟长度，漏风沟就会产生漏风造成自动缓解。制动缸鞲鞴漏风沟长度一般是 70 mm，在调整闸瓦间隙时，制动缸鞲鞴行程应保证调整到 80 mm 以上。

（5）分配阀模板破损：拆下分配阀进行清洗、更换、修复。

（四）制动阀无制动

1. 原因分析（只限于单机）

（1）副风缸风压不够。

(2)非操作端截断塞门(H-6)未关闭且制动手柄在缓解位。

(3)缓解阀(H-6)严重泄漏或缓解阀在运行途中被石砟碰掉。

(4)操作端截断塞门(H-6)处于关闭状态。

(5)制动缸截断塞门处于关闭状态。

(6)104 分配阀、作用阀截断塞门处于关闭状态。

2. 判断方法及步骤

(1)副风缸风压不够:副风缸风压有一个充风过程,但副风缸风压在风表上没有显示,这就要求动车前必须充风试闸。

(2)非操作端截断塞门(H-6)未关闭且制动手柄在缓解位。动车前非操作端截断塞门必须关闭。

(3)缓解阀(H-6)严重泄漏或缓解阀在运行途中被石砟碰掉。当缓解阀泄漏时应进行清洁检修处理;若被石砟碰掉则重新配管安装。在运行途中应急处理时,将 104 分配阀或作用阀截断塞门关闭,该车作为关门车处理。单机运行时,将缓解阀连接的管孔用木塞塞住后再继续运行至前方站或终点站。

(4)开启操作端截断塞门(H-6)。

(5)开启制动缸截断塞门。

(6)开启 104 分配阀或作用阀截断塞门。

五、电气系统故障

各种仪表不显示、指示灯不亮或指示灯常亮。

1. 原因分析

(1)熔断器坏。

(2)插接件虚接或松脱。

(3)倒、空、低挡开关松脱离位或损坏。

(4)行程开关松脱离位或卡滞。

(5)仪表、传感器损坏。

2. 判断方法及步骤

(1)车辆操作台和电气控制柜上设置了部分故障显示指示灯。若某部件或部位不能动作,则对应的故障显示指示灯亮,如中间换向箱不能换向，只要 FU1.8 指示灯亮，则一定是熔断器坏了。这时只要将同规格的熔断器换上，换向箱不能换向的故障就排除了。

(2)水温表不显示。这就需要判别是水温表本身损坏还是有其他因素影响。判别方法为：两端分别启动，对水温表完好状态进行确认。若一端水温表显示完好，另一端水温表显示不正常，这说明水温表已损坏。若两端水温表均显示不正常，则说明水温表完好，需要对系统作进一步检查，检查水温传感器有无损坏或仪表插接件是否松脱或虚接。

(3)电流表相关零部件好坏的测试检查。发动机启动后将油门置于 1 000 r/min 以上，将上、下大灯开关打开后观察电流表放电量的大小。如果放电量大于 15 A 以上，则说明电源控制柜内 F3 的 63A 熔断器已经烧坏或发电机不发电。本着先易后难的原则，首先应检查 F3 熔断器是否完好。如果放电量只有 2～3 A，则说明 F3 熔断器及发电机没有损坏，只要将油门加大，电流表就会显示正常。如果电流表在任何情况下都不显示电流充放，则说明电流表已损坏或电路断路。

(4)变速箱挡位设有低、空、倒挡指示，指示灯设置在仪表板上。低、倒挡开关属于开式开关，空挡开关属于闭式开关。若开关本身已损坏或插接件松脱，布置在仪表板上的指示灯就不会显示。

(5)换向机械锁定装置上安装有行程开关，当挂上前进或后退挡位后，设置在仪表板上的指示灯就会亮。若行程开关损坏、松脱离位或插接件松脱虚接以及指示灯自身损坏，布置在仪表板上的指示灯就不会显示。

(6)行程开关属于开式开关，当换向机构前后位移时推动行程开关触头，触头位移后触点闭合，设置在仪表板上的指示灯就会显示。当换向机构变换方向后，行程开关原在闭合状态下的触点随着触头在回位弹簧的作用下脱开，设置在仪表板上的指示灯就会熄灭。若指示灯不灭则说明行程开关触点还滞留在闭合状态。出现这种情况后需要对行程开关实施修理或更换。

六、作业平台故障

(一)作业平台不能停止转动

1. 原因分析及处理方法

(1)正常操作出现此故障时,原因有以下几点:

①开关坏:修复或更换;

②电磁阀阀芯发卡:清洗或更换;

③平台上下选择开关选择错误:将开关打到正确位置。

(2)按下应急按钮出现此故障时原因有以下几点:

①连线松脱或虚接:检查接线并紧固;

②电磁阀插头松动:检查并紧固插头;

③电磁阀线圈烧毁:更换线圈或电磁阀;

④电磁阀阀芯发卡:清洗或更换。

2. 应急处理方法

(1)正常操作失效时,按下急停按钮。

(2)当急停按钮失效时,停发动机。

(二)作业平台不能复位(电气故障)

1. 原因分析及处理方法

(1)开关坏:修复或更换;

(2)连线松脱或虚接:检查接线并紧固;

(3)电磁阀插头松动:检查并紧固插头;

(4)电磁阀线圈烧毁:更换线圈或电磁阀;

(5)电磁阀阀芯发卡:清洗或更换;

(6)平台上下选择开关选择错误:将开关打到正确位置。

2. 应急处理方法

(1)检查平台上下选择开关,并打到正确位置;

(2)发动机故障时,用手油泵进行应急复位;

(3)手油泵应急失效时,先松开制动器和连接在回转马达上的油管,再用手动摇把将平台旋转复位,最后打开平台下降应急球阀使平台复位。

（三）作业平台不能复位（液压故障）

1. 故障现象一：操作时总油压表显示有压力

原因分析及处理方法：

(1)回转制动带未打开：调节螺杆使制动带松开；

(2)回转电磁阀下的节流阀开口太小：加大节流阀开口；

(3)马达或减速机卡住：排除异物及故障；

(4)马达或减速机损坏：修理或更换；

(5)管路堵塞：清洗管路。

2. 故障现象二：操作时总油压表显示无压力

原因及处理方法：

(1)回转溢流阀压力调整过低：调整溢流阀压力至规定值；

(2)回转马达或减速机坏：修理或更换；

(3)回转电磁阀未通电或损坏：检修电路或更换电磁换向阀。

（四）作业平台无升降

1. 故障现象一：操作时总油压表显示有压力

原因分析及处理方法：

(1)阀件柜内升降节流阀开口太小：调节节流口大小；

(2)平衡阀损坏：修理或更换；

(3)升降柱卡住：排除异物及故障；

(4)管路堵塞或接错：清洗管路并按规定连接；

(5)安全溢流阀压力低（≤5 MPa）：将溢流阀压力调整至5 MPa。

2. 故障现象二：操作时总油压表显示无压力

原因分析及处理方法：

(1)作业电源未接通或未打开：接通电源开关；

(2)紧线装置控制箱中电源开关未关闭：关闭该电源开关；

(3)管路接错：按规定连接管路；

(4)安全溢流阀卸荷或损坏：调整溢流阀或更换。

第五章　JZ-7 制动机使用与性能试验

第一节　JZ-7 制动系统的构成及使用

在车辆运行之前，乘务人员必须首先确认是本务机还是作为本务机、重联补机或无动力回送，然后根据车辆的的运行性质，对制动机作适当处理。

一、JZ-7 空气制动系统

JZ-7 空气制动系统主要包括空压机、总风缸、油水分离器、自动制动阀、单独制动阀、中继阀、分配阀、变向阀、作用阀、制动缸等，另外还设有均衡风缸、过充风缸、降压风缸、紧急风缸、工作风缸、作用风缸及无火回送装置、双针压力表和各种塞门等。

1. 各阀件的功能

(1)自动制动阀：用来操纵全列车的制动及缓解。

(2)单独制动阀：只操纵本车的制动及缓解。

(3)中继阀：它受自动制动阀的控制，直接操纵制动管空气压力变化，从而完成整个列车的制动、保压和缓解。

(4)分配阀：它是根据制动管压力的变化而动作，控制作用阀的供风和排风，以使轨道车得到制动和缓解。

(5)作用阀：受分配阀和单独制动阀的控制，直接控制轨道车制动的充、排气，使轨道车制动、缓解和保压作用。

2. 各阀的控制关系

自动制动阀→均衡风缸→中继阀→列车管空气压力变化→车辆制动机
制动缸←作用阀←机车分配阀←┘

单独控制阀→作用阀→机车制动缸
└→工作风缸→分配阀主阀部→作用阀→机车制动缸

该系统的左侧压力表红针所指数值为总风缸压力，正常情况应为 700～800 kPa，黑针所指数值为均衡风缸压力，缓解状态应为 500 kPa；右侧风压表红针所指数值为制动缸压力，缓解状态数值为零，黑针所指数值为列车管风压值，缓解状态为 500 kPa；中间风压表红针所指数值为工作风缸压力，黑针为降压风缸压力，缓解状态下均为 500 kPa。

二、本 务 机

操纵端自阀、单阀手柄均置于运转位；非操纵端自阀手柄置于手柄取出位并取出手柄，单阀手柄置于运转位后取出手柄，以保证安全。两端制动机上的客货车转换阀必须置于货车位。

三、重联补机

将车辆两端自阀手柄置于手柄取出位、单阀手柄置于运转位并取出手柄，客货车转换阀置于货车位。

第二节 JZ-7 制动机性能试验

一、基本操作程序

1. 检查电源总开关是否闭合，电源转换开关是否转换至运行操作端。

2. 对非操作端的油门、制动手柄、截断塞门(H-6)、换向开关，以及各仪表开关进行检查，确保其放置位置正确或处于关闭状态。

3. 对操作端的变速杆是否处于空挡位、各仪表开关是否处于正确位置进行检查。

4. 踏下离合器踏板，油门手柄放至最低位，转动点火钥匙，启动发动机；发动机启动后应立即松开点火钥匙，否则将损坏启动机。

5. 待机油压力正常后，将油门提升至 1 300～1 500 r/min，使空压机向空气制动系统充风。

6. 打开操作端折角塞门(H-6),将制动手柄置运转位,保证制动管路能够充分地进行充风。

二、性能试验

(一)JZ-7 型空气制动机七步闸试验

JZ-7 型空气制动机七步闸试验过程如图 5—1 所示。

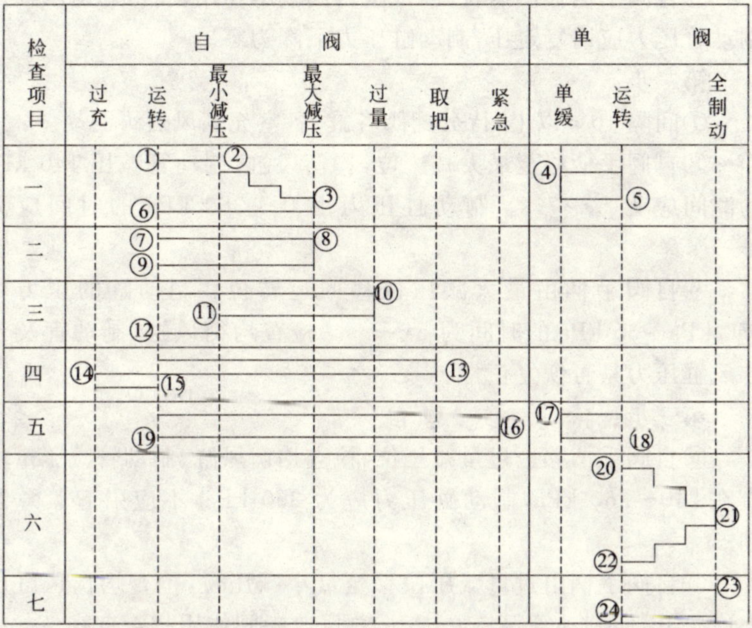

图 5—1　七步闸试验过程

第一步:

①检查自、单阀手柄均在运转位,客、货车转换阀应在"货车位",检查各压力表指针指示压力:均衡风缸、制动管和工作风缸压力均为 500 kPa,制动缸压力为 0,总风缸压力为 700～800 kPa。

②自阀手柄移至最小减压位,制动管、均衡风缸均应减压 50 kPa,制动缸压力应为 125 kPa 左右;制动管每分钟泄露量不超过 10 kPa。

③自阀手柄在制动区分3～4次阶段移至最大减压位，观察阶段制动作用是否稳定，减压量与制动缸压力上升比例是否正确，最大减压位时，制动管减压量为140 kPa，制动缸压力应为360 kPa。

④单阀手柄移至单独缓解位，检查单独缓解作用是否良好，制动缸压力应能缓解到50 kPa以下。

⑤检查单阀复原弹簧作用良好。

⑥自阀手柄移回运转位，检查自阀缓解作用良否，均衡风缸及制动管压力应回复定压，制动缸压力下降为零。

第二步：

⑦间隔10 s以上，待分配阀各缸、各室充满风后再制动。

⑧单阀手柄移至最大减压位，均衡风缸、制动管减压140 kPa的时间应为5～7 s。制动缸压力由0～360 kPa的时间应为5～7 s。

⑨自阀手柄由最大减压位移回运转位。制动缸的压力由350 kPa～35 kPa的时间为5～7 s。检查均衡风缸、制动管及工作风缸压力是否恢复正常。

第三步：

⑩自阀手柄移至过量减压位，检查均衡风缸、制动管减压量均应在240～260 kPa，制动缸压力应为360 kPa，不应引起紧急制动。

⑪自阀手柄由过量减压位移至最小减压位，检查均衡风缸压力应上升，而制动管保持原压力，总风遮断阀作用是否良好。

⑫自阀手柄移回运转位，检查缓解作用是否良好，各压力表压力恢复正常。

第四步：

⑬自阀手柄移至手柄取出位，检查均衡风缸减压量应为240～260 kPa，制动管不减压，中继阀自锁作用良好。

⑭自阀手柄移至过充位，检查过充作用是否良好，制动管应得到比规定压力高30～40 kPa的过充压力，过充风缸上的排气孔应排气，工作风缸也应有过充现象。

⑮自阀手柄移回运转位，制动管内的过充压力应在 122 s 以后自动消除，机车不应引起自然制动。

第五步：

⑯自阀手柄移至紧急制动位，制动管压力应 3 s 内降至零，制动缸压力应在 5～7 s 内升至 450 kPa，均衡风缸减压量应为 240～260 kPa，撒砂装置应自动撒砂。

⑰单阀手柄移至单缓位，放置 12～15 s 制动缸压力应开始下降，并能缓解到零。（工作风缸也应排至零）

⑱检查单阀复原弹簧作用良否，制动缸压力不应回升

⑲自阀手柄移回运转位，检查缓解作用是否良好，各压力表压力恢复正常，同时检查工作风缸压力由 0～480 kPa 的时间应为 30～50 s。

第六步：

⑳单阀手柄移到制动区某处，检查单独制动作用是否良好，制动缸压力应上升。

㉑单阀手柄在制动区分 2～3 次阶段移至全制动位，检查单阀阶段制动作用是否稳定，制动缸压力应达 300 kPa。

㉒单阀手柄从全制动位分 2～3 次阶段移回运转位，检查单阀阶段缓解作用是否稳定。

第七步：

㉓单阀手柄移至全制动位，制动缸压力由 0～280 kPa 的时间应在 3 s 以内。

㉔单阀手柄移回运转位，制动缸压力由 300～35 kPa 的时间应在 4 s 以内。

(二)JZ-7 制动机五步闸试验

五步闸试验过程如图 5—2 所示。

第一步：

①检查自、单阀手柄均在运转位，客、货车转换阀应在"货车位"，检查各压力表指针指示压力：均衡风缸、制动管和工作风缸压力均为 500 kPa，制动缸压力为 0，总风缸压力为 700～800 kPa。

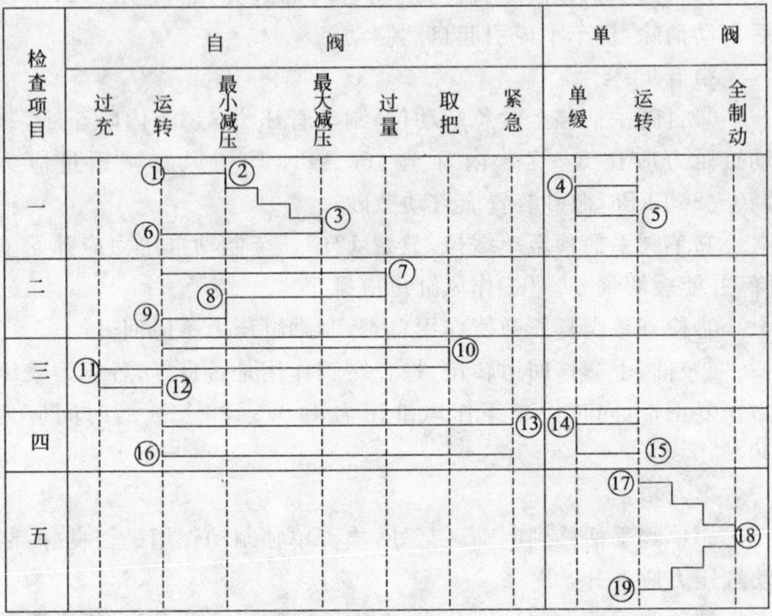

图 5—2　五步闸试验过程

②自阀手柄移至最小减压位，制动管、均衡风缸均应减压 50 kPa，制动缸压力应为 125 kPa 左右；制动管每分钟泄露量不超过 10 kPa。

③自阀手柄在制动区分 3～4 次阶段移至最大减压位，观察阶段制动作用是否稳定，减压量与制动缸压力上升比例是否正确，最大减压位时，制动管减压量为 140 kPa，制动缸压力应为 360 kPa。

④单阀手柄移至单独缓解位，检查单独缓解作用是否良好，制动缸压力应能缓解到 50 kPa 以下。

⑤检查单阀复原弹簧作用良好。

⑥自阀手柄由最大减压位移回运转位。制动缸的压力由 350 kPa～35 kPa 的时间为 5～7 s。检查均衡风缸、制动管及工作风缸压力是否恢复正常。

第二步：

⑦自阀手柄移至过量减压位，检查均衡风缸、制动管减压量均应为 240～260 kPa，制动缸压力应为 360 kPa，不应引起紧急制动。

⑧自阀手柄由过量减压位移至最小减压位，检查均衡风缸压力应上升，而制动管保持原压力，总风遮断阀作用是否良好。

⑨自阀手柄移回运转位，检查缓解作用是否良好，各压力表压力恢复正常。

第三步：

⑩自阀手柄移至手柄取出位，检查均衡风缸减压量应为 240～260 kPa，制动管不减压，中继阀自锁作用良好。

⑪自阀手柄移至过充位，检查过充作用是否良好，制动管应得到比规定压力高 30～40 kPa 的过充压力，过充风缸上的排气孔应排气，工作风缸也应有过充现象。

⑫自阀手柄移回运转位，制动管内的过充压力应在 122 s 以后自动消除，机车不应引起自然制动。

第四步：

⑬自阀手柄移至紧急制动位，制动管压力应 3 s 内降至零，制动缸压力应在 5～7 s 内升至 450 kPa，均衡风缸减压量应为 240～260 kPa，撒砂装置应自动撒砂。

⑭单阀手柄移至单缓位，放置 12～15 s 制动缸压力应开始下降，并能缓解到零。（工作风缸也应排至零）

⑮检查单阀复原弹簧作用良否，制动缸压力不应回升

⑯自阀手柄移回运转位，检查缓解作用是否良好，各压力表压力恢复正常，同时检查工作风缸压力由 0～480 kPa 的时间应为 30～50 s。

第五步：

⑰单阀手柄移到制动区某处，检查单独制动作用是否良好，制动缸压力应上升。

⑱单阀手柄在制动区分 2～3 次阶段移至全制动位，检查单阀

阶段制动作用是否稳定，制动缸压力应达 300 kPa。

⑲单阀手柄从全制动位分 2～3 次阶段移回运转位，检查单阀阶段缓解作用是否稳定。

三、采取常用制动时常用制动减压量的标准值

(1)动车前必须进行制动性能试验。

(2)常用制动感度试验最小减压量为 40 kPa。

(3)常用制动减压量的标准值为 80 kPa。

(4)常用制动最大减压量为 140 kPa。

四、采取非常制动时制动缸压力的标准值

(1)正常情况下，动车前一般不作非常制动试验要求。

(2)JZ-7 型制动机产生非常制动后，制动缸压力的标准值为 420～430 kPa。

五、制动缸鞲鞴行程检查及制动缸鞲鞴行程标准值

(1)动车前必须检查制动缸鞲鞴行程。

(2)制动缸鞲鞴行程标准值一般为 80～120 mm。

六、手制动机检查、试验

(1)正确使用手制动机。

(2)动车前必须检查手制动机是否松开。

(3)停车过夜时必须拧紧手制动机。

七、制动机运行中的注意事项

(1)车辆正常运行中，不会发生自然制动现象，因此不必经常将单阀手柄推至单缓位。

(2)牵引其他车辆时，为减小纵向冲动，开始制动时，可先将单阀手柄推至单缓位，将工作风缸压力空气排一些到大气，然后再把自阀手柄移到制动区进行制动。这样，不但本车制动缸压力小一

些，制动缸压力上升稍晚一些，以减少车辆的纵向冲动。

(3)换端操纵时，必须把自阀手柄移到过量减压位，停留一段时间后再移到手柄取出位，将手柄取出安装到另一端司机室的自动制动阀上。这样能保证车辆换端操作时处于制动状态，并在换端操纵后由手柄取出位回到运转位时，不会发生制动或紧急制动现象。

第六章 三项设备检查与使用

通常所说的三项设备指监控装置、机车信号装置和无线列调装置，是安全行车必不可少的设备，轨道车、接触网作业车常用三项设备型号是GYK(以下简称GYK)，因此，在出车前必须按规定对三项设备进行全面检查，以确保工作正常。

一、三项设备检查及使用注意事项

1. 无线列调检查

打开无线列调电台，将其打到车辆所在区间对应的频段，如果不知道具体频段可以询问车站值班员，或者采用无线列调电台的自动搜索功能进行频段搜索。对好频段后同车站值班员联系，电台通信应正常。

2. 监控装置及机车信号装置

打开监控装置进行设备自检，设备自检应正常，且机车信号显示与自检语音提示应匹配，同时，出车前输入与行车相关的参数。

二、GYK操作注意事项

电源供电：DC24V；电压范围：18～36 V。

开机30 s进入系统界面；关电源，15 s后自动关机。关机后再开机，间隔时间必须大于30 s，以保证设备正常工作。

主机与DMI上禁止放置杂物，严禁划伤或敲击显示屏。

为节省轨道车电瓶，无权端可进入屏幕保护；DMI屏幕亮度可调节，晚上开车可适当调暗；DMI可调节音量，喇叭音量调到适当位置。

DMI避免太阳直晒，防止夏天温度过高；主机、DMI非防水设计，严禁淋雨、溅水；主机应保持通风良好。

所有插件插入机箱后，均应将面板紧固螺钉拧紧以防插件脱落；拔出插件时，必须先将紧固螺钉拧松；所有插件在机箱内均有固定位置，插件插入时应对准其所在位置；当插件插入时，不能用力太大，以避免插头引脚损坏。

三、GYK 基本构成

GYK 包括装设于轨道车上的主机、人机界面（DMI）、机车信号机、接收线圈、速度传感器、压力传感器、制动装置（电磁阀）、熄火装置、故障隔离装置、警惕按钮、轴温监测装置等。

根据轨道车运行和作业特点，GYK 具有五种监控模式：正常监控模式、调车模式、目视行车模式、区间作业模式和非正常行车模式。

四、GYK 基本操作方法

1. 开、关机操作

开机：司机上车后先打开轨道车总电源开关，然后打开 GYK 主机电源开关，紧急放风阀自动关闭，30 s 后 GYK 进入系统界面，DMI 显示目视行车模式。GYK 在每次开机过程中都会自动检测各个单元，如有故障会在进入系统后自动报警；如果一切正常，司机还需手动检测 GYK 的制动装置功能是否正常。

关机：关断主机电源，UPS 延时约 15 s 后自动关机。关机后再开机，间隔时间必须大于 30 s，以保证设备正常工作。

注意事项：GYK 控制的紧急放风阀为失电放风。GYK 关机时，紧急放风阀处于放风状态。打开 GYK 电源开关，紧急放风阀自动关闭。

一般情况下，GYK 主机连接两个 DMI，其中一个 DMI 有操作权，另一个无操作权。

2. 有权端与无权端的区别

有权端：可进行正常的按键操作。

无权端：除换端操作外其他按键无效，无权端不发语音。

无权端可进入屏幕保护：按【3. 车位】+【5. 切换屏保】，关闭无权端显示屏，再按【3. 车位】，退出屏幕保护重新点亮无权端屏幕。

3. 换端操作

夺权操作：在无权端按【车位】+【7. 夺权】键，无权端变为有权端。

交权操作：在有权端按【车位】+【7. 交权】键，有权端变为无权端。

操作面板如图 6—1 所示。

图 6—1　操作面板

注意事项：

调 DMI 屏幕亮度：在主界面按压【↑】键或【↓】键可以调整显示器亮度，晚上屏幕亮度可适当调暗。

调 DMI 喇叭音量：在主界面按压【←】键或【→】键可以调整音量大小。

4. 设备自检操作

GYK 自检功能：可以进行机车信号、常用制动、紧急制动、DMI 按键检查，如图 6—2 所示。

按压【查询】键出现查询操作界面。选择“6. 设备自检”，按【确认】键：进入“设备自检”界面。

【信号自检】键：进入机车信号接收模块的检查程序。

【常用自检】键：进入常用制动功能的检查程序。

【紧急自检】键：进入紧急制动+熄火功能的检查程序。

【键盘自检】键：进入按键有效性检查程序。

【试风自检】键：进入单独紧急制动功能的检查程序。

【返回】键：退出该窗口。

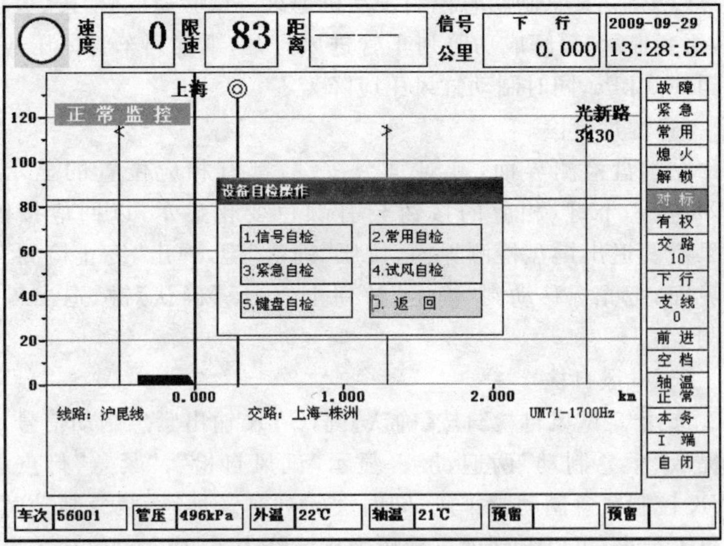

图 6—2　设备自检

(1)信号自检

选择"1-信号自检"，按【确认】键，即开始信号自检，信号自检时信号灯依次点亮，若自检正常，语音提示"自检正常"；若自检错误，语音提示"自检故障"，界面下方提示故障发生的单元。

(2)常用制动自检

选择"2-常用自检"，按【确认】键，GYK 输出常用制动信号，语音提示"常用制动"两遍，屏幕显示"常用自检"，状态栏"常用"灯点亮。GYK 控制常用制动阀排风，同时关闭列车管进风，观察列车管压力指示逐步降至 380 kPa 并保压，观察制动缸压力上升至 250 kPa 以上。试验完成后，按【缓解】键，语音提示"缓解成功"，列车管进风打开，观察列车管风压应上升到 500 kPa，同时制动缸风压应降为零。

(3)紧急制动自检

选择"3-紧急自检"，按【确认】键，GYK 输出紧急制动信号，语音提示"紧急制动"两遍，屏幕显示"紧急自检"，状态栏"紧急"、"熄火”灯点亮。紧急制动时控制发动机熄火。试验完成后，按【缓解】键，语音提示“缓解成功”，列车管进风打开，观察列车管风压应上升到 500 kPa，同时制动缸风压应降为零。

(4)键盘自检

在键盘检测界面，针对每个按键，都有相应位置的显示按钮，每按一个键，相应的按钮会有颜色变化显示，以回应按键。如果需要退出键盘检测界面，按压“确认”键，弹出“终止检测”确认界面，把光标移动到“确定”按钮上，按压【确认】键，退出键盘检测。

(5)试风自检

选择“5-试风自检”，按【确认】键，GYK 输出紧急制动信号，语音提示“紧急制动”两遍，屏幕显示“试风自检”，“紧急”灯点亮。GYK 控制紧急制动阀排风，同时关闭列车管进风，紧急制动时发动机不熄火，可以看到列车管压力指示降为零，而制动缸压力上升为 400～500 kPa。试验完成后，按【缓解】键，语音提示“缓解成功”，放风阀关闭，列车管恢复充风，观察列车管风压应上升至 500 kPa，同时制动缸风压应降为零。

(6)注意事项

以上自检如果列车管风压没有下降表示放风阀没有排风。如果列车管压力下降而制动缸压力没有上升，则表示放风阀已经放风，但是刹车闸瓦没有动作(没有刹车)。自检全部正常，则准备出车；若自检有故障，则要报告处理。轨道车两端都需要进行紧急制动、常用制动、试风自检操作，非操作端大闸应置于保持位。

5. 参数设定操作

参数设定主要输入司机号、副司机号、车次号、本/补、交路或监控交路号、车站号、对标公里标、公里标趋势、编组限速、总重、辆数、计长等，如图 6—3 所示。

参数设定操作：按压【设定】键，屏幕弹出“参数设定”窗口。按方向键移动光标，在选定栏输入正确的参数信息，再按【确认】键或

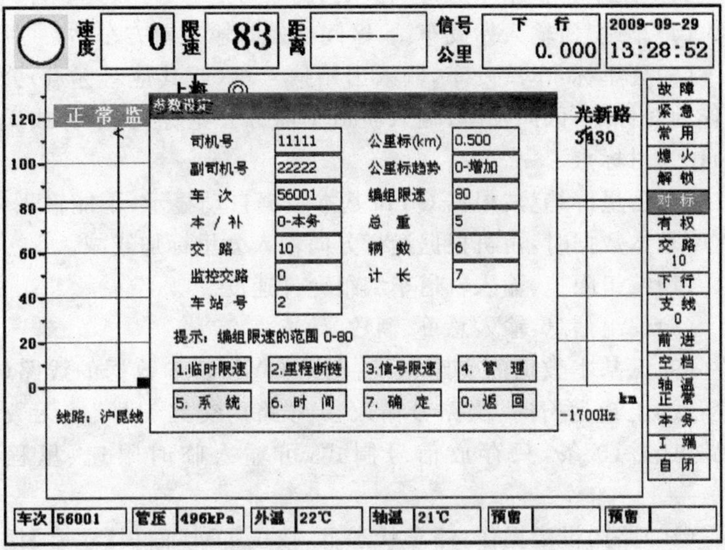

图 6—3　参数设定界面

按方向键移动光标。待所有参数输入完毕，移动光标到“7. 确定”项，按【确认】键退出。

注意事项：

(1)司机号、副司机号、车次：最多可以输入 7 位，车次不能在有速度的情况下修改。

(2)本/补：根据轨道车担当本务或补机输入。

(3)交路或监控交路号：

GYK 基本数据按路局存放，路局号：0～18。0 号路局存放无数据交路。

数据交路固定为 32 条，交路号：0～31。

监控交路限制为 256 条，监控交路号：0～255。

司机根据运行区段、走行径路输入相应的交路(数据交路)或监控交路号。有两种输入方式：

①输入交路号，监控交路输入 0。

②输入监控交路号，交路号自动显示。

交路上下行根据车次奇偶决定,偶数为上行,奇数为下行。

(4)车站号:输入始发车站,区间始发时输入前方车站。

(5)公里标:车站发车,输入出站信号机(或其他对标点)公里标作为对标点;区间发车,输入轨道车前方公里标(百米标或千米标)作为对标点。

(6)公里标趋势:根据 GYK 基本数据自动显示,不能输入;无 GYK 基本数据时,司机根据运行方向输入公里标加或减。

(7)编组限速:输入轨道车编组允许速度。

(8)编组信息:输入总重、辆数、计长。

(9)无基本数据的交路选择:在无 GYK 基本数据的线路(包括新线)上道运行时,交路号输入"0 号路局交路编号"。无数据交路共设 10 条,只存放信号制式,可输入临时限速、里程断链。

(10)路局设定操作:停车状态下,按压 DMI 面板【正常】键进入"轨道车位置设定"界面,在路局栏输入路局号,按【确定】键退出。

6. 设定参数查询

按压【查询】键出现查询操作界面。选择"1. 设定参数",按【确认】键:显示"设定参数查询"界面。查看司机号、副司机号、交路号、车站号、车次编号、本/补类别、编组限速信息是否正确。

7. 揭示输入操作

揭示信息通过 U 盘转储器输入,内容包括:临时限速、绿色许可证、路票、区间作业、线路里程断链等信息。遇有无法及时编辑或传送运行揭示文件等特殊情况时,由司机上车人工输入运行揭示信息。

(1)U 盘揭示输入(图 6—4)

下载 U 盘:停车时,将 U 盘插入显示屏的 U 盘插槽内,自动出现"下载 U 盘的揭示文件吗?"提示,选择"确定"后,U 盘中的揭示信息将下载到 GYK 设备内。或按压【查询】键后进入查询界面,将光标移到"3. 全部揭示"处按压【确认】键,或直接按压数字

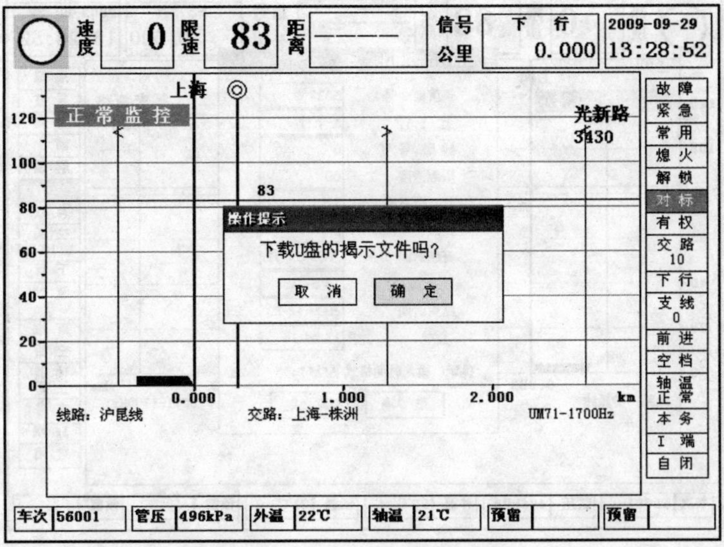

图 6—4 U 盘揭示输入操作

【3】键，进入全部揭示查询界面，将光标移到“4. 下载”，按【确认】键，出现提示信息“下载 U 盘的揭示文件吗?”，选择“确定”后，U 盘中的揭示信息将下载到 GYK 设备内。

揭示核对：下载完成后进入全部揭示查询界面，显示“U 盘揭示信息查询”，乘务员必须按要求与运行揭示核对，确认无误后，将光标移到“0 返回”位置处，按压【确认】键，或直接按压数字【0】键返回。

(2)人工揭示输入(图 6—5)

遇有无法及时编辑或传送运行揭示文件等特殊情况时，由司机上车人工输入运行揭示信息，一人输入，另一人核对；同时在行车日志上记录。

临时限速输入(图 6—6)：按【设定】键，进入“参数设定”窗口，将光标移到“1. 临时限速”项，按压【确认】键，进入临时限速设置界面。

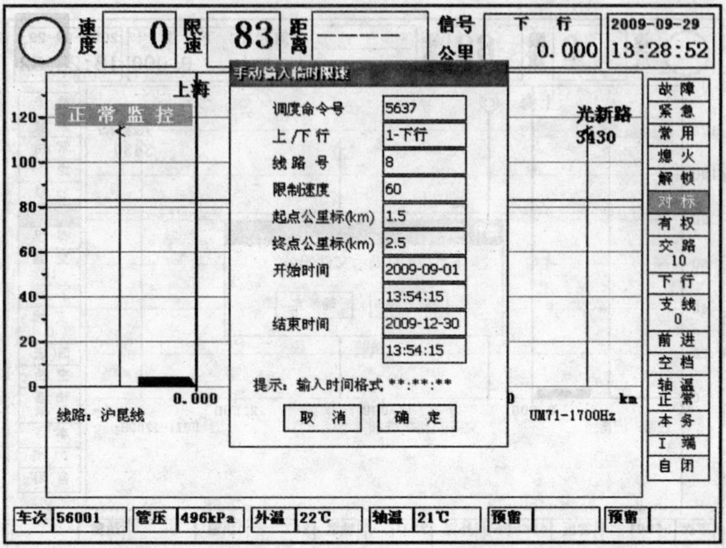

图 6—5　人工揭示参数输入

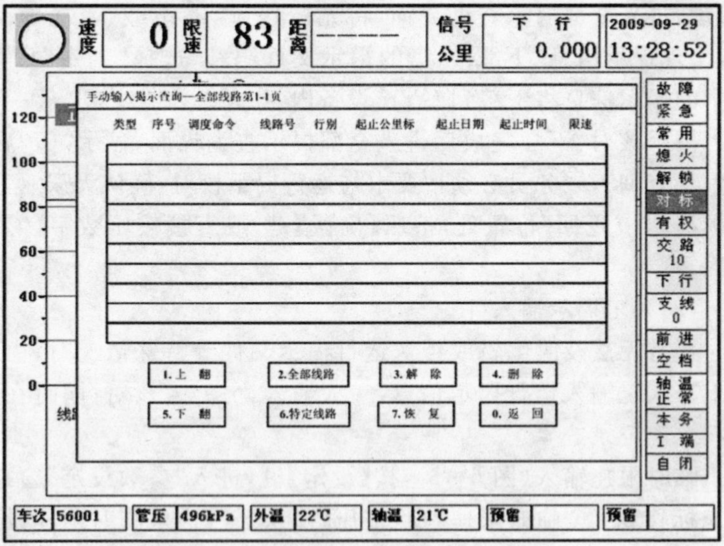

图 6—6　手动输入临时限速查询界面

临时限速核对：按压【查询】键出现查询操作界面，选择“2. 人工揭示”，按【确认】键进入。

临时限速取消：在“手动输入揭示查询”界面，选中需要取消的临时限速项，按压【解锁】键，输入相关参数。

里程断链输入（图 6—7）：按【设定】键，进入“参数设定”窗口，将光标移到“2. 里程断链”项，按压【确认】键，进入里程断链输入界面。

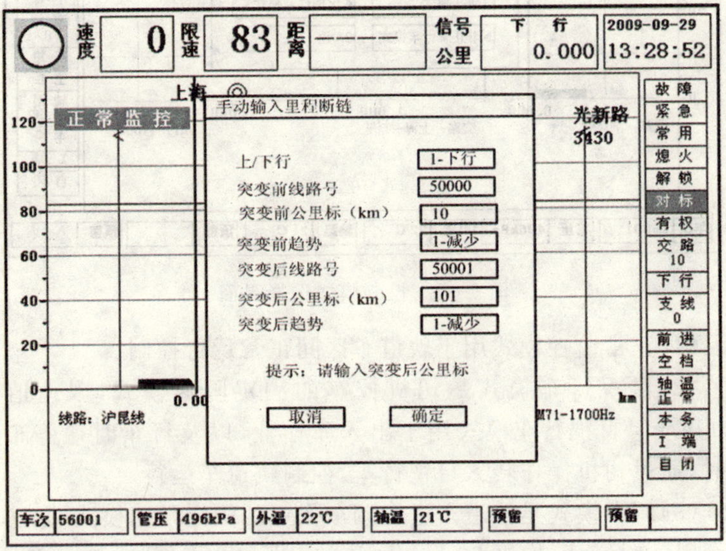

图 6—7　手动输入里程断链

里程断链核对：按压【查询】键出现查询操作界面，选择“2. 人工揭示”，按【确认】键进入。里程断链取消：在“手动输入揭示查询”界面，选中需要取消的里程断链项，按压【解锁】键，输入相关参数。

注意事项：有基本数据时，由于数据间有关联，揭示中的里程断链不起控制作用。

8. 模式设定操作（图 6—8）

GYK 具有五种控制模式：正常监控模式、目视行车模式、调车模式、区间作业模式和非正常行车模式。

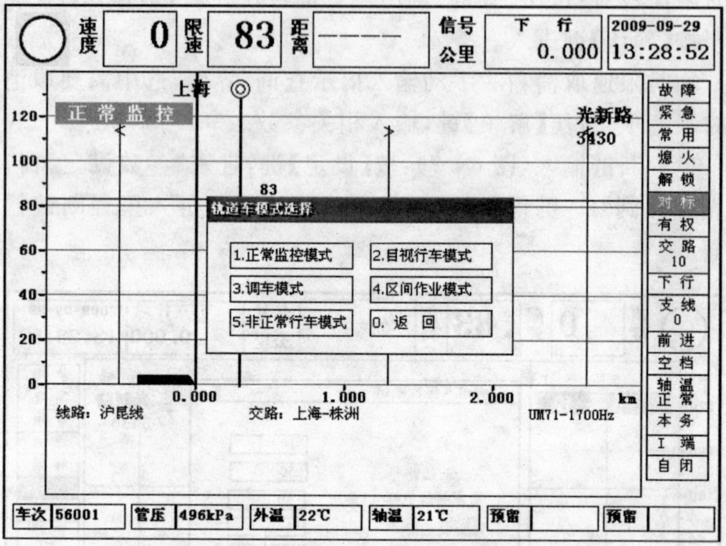

图 6—8 控制模式选择界面

(1)正常监控模式用于轨道车区间正常运行控制。

(2)目视行车模式是司机控车的固定限速模式，限速值为 20 km/h。目视行车模式用于出入库作业，以及行车时遇停车信号时，通过司机操作转入目视行车，控制轨道车运行。

(3)调车模式是轨道车进行调车作业的固定限速模式，限速值按牵引 40 km/h、推进 30 km/h、连挂 5 km/h 设置。

(4)区间作业模式分为五种状态：区间作业进入、区间作业返回、区间作业防碰、区间作业编组、5 km/h 连挂。

①区间作业进入用于轨道车进入封锁区间进行区间作业的控车模式。到达终点停车后，可通过司机操作转入目视行车。

②区间作业返回用于轨道车区间作业完毕返回车站的控车模式。运行至进站信号机或反向进站信号机前，GYK 能接收到机车信号，则按机车信号控车进站；如果接收不到机车信号，停车后，可通过司机操作按目视行车控制进站。

③区间作业防碰用于轨道车在设定的作业起点和终点公里标

范围内的控车模式。到达起点或终点停车后，可通过司机操作转入目视行车。

④区间作业编组用于轨道车区间作业完毕进行编组的控车模式。按 20 km/h 限速确定固定模式限速值。停车后，可通过司机操作转入目视行车。

⑤5 km/h 连挂用于轨道车进行车组连挂的控车模式。

(5)非正常行车模式具有地面信号确认、路票行车、绿色许可证行车、引导进站四种控车状态，用于轨道车在特殊情况时的控制。

(6)GYK 具有补机状态，轨道车担当补机任务时使用。在补机状态下，GYK 只记录，不控制。

(7)GYK 具有防轨道车溜逸报警、警醒报警、轴温报警、风压报警功能。

正常监控模式

(1)停车状态下按压 DMI 面板【正常】键进入正常监控模式设定界面。

(2)停车状态时按压【模式】键，DMI 弹出"轨道车模式选择"界面，将光标移动到"1"正常监控模式"，按压【确认】键，或者按压数字键【1】，进入正常监控模式设定界面。

显示器弹出"轨道车位置设定"界面(图 6—9)，若数据止确，按【确定】键后调出基本数据，轨道车位置按对标公里标后方 500 m定位，"对标"灯点亮。若对标公里标不符，司机可以重新输入对标公里标。

开车时语音提示"注意对标"。到达对标点司机按【开车】键对标，语音提示"对标成功"。GYK 按设定的监控交路控制轨道车运行。

(3)停车时，选择另外一种控制模式则退出正常监控模式。

对机车信号的控制：

(1)遇绿灯、绿黄灯、黄灯、黄 2 灯、双黄灯、双黄灯闪、红黄灯闪、半自闭白灯时，进行限速控制。

(2)遇红黄灯、红灯时，进行停车控制。停车后，允许司机按压

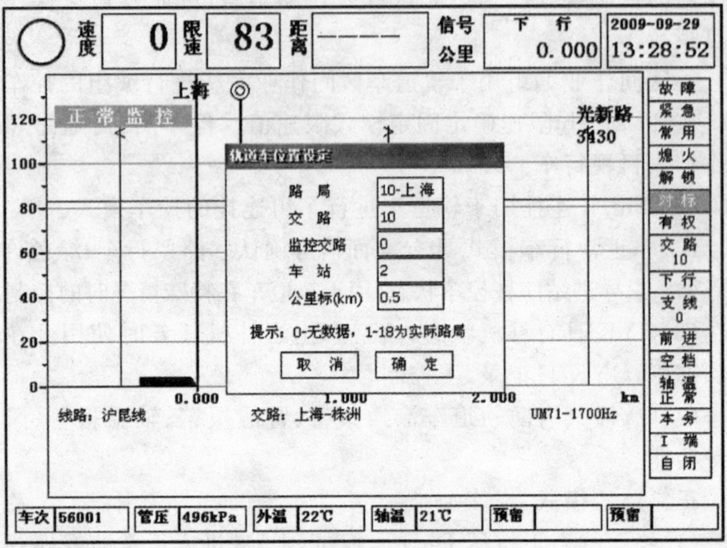

图 6—9　轨道车位置设定

【解锁】键解锁，GYK 进入正常监控(目视行车)状态。机车信号变化时，GYK 根据允许信号自动退出(目视行车)状态，恢复正常监控模式。

(3)侧线进站控制：当机车信号由双黄灯、双黄灯闪、交流计数黄灯变为白灯时，控制轨道车在前方 700 m 停车，DMI 窗口左上角显示“侧线进站”。速度低于 20 km/h 时，提供解锁条件：允许司机按压【解锁】键解锁，司机按规定操作后，GYK 按目视行车控制。当机车信号变化时，GYK 根据允许信号自动退出(目视行车)状态，恢复正常监控模式。此控制方式也适用于侧线无码股道车站的通过。

(4)侧线出站控制：当机车信号变为双黄灯、双黄灯闪、交流计数黄灯时，速度低于 20 km/h 时，GYK 提供确认条件：允许司机按压【出站】键解锁，司机按规定操作后，DMI 窗口左上角显示“侧线出站”，装置自动解除由双黄灯、双黄灯闪、交流计数黄灯变为白灯的停车控制，按道岔限速 30 km/h 控制运行。当机车信号变为允许信号时，GYK 按正常监控模式控制。

(5)出站道岔限速控制自闭区段：按道岔限速 30 km/h 出站，轨道车尾部过岔后收到机车信号，按模式限速控制。半自闭区段和区间作业进入：按道岔限速 30 km/h 出站，运行速度低于道岔限速时，GYK 提供确认条件：允许司机按【解锁】键，解锁后道岔限速解除，按模式限速控制。

非正常行车模式

非正常监控模式下具有地面信号确认、路票行车、绿色许可证行车、引导进站四种非正常行车状态。

在停车状态时，按压【↑】键 2 s，进入“非正常行车确认”窗口，选择相应状态，按【确认】键，即可进入设定界面，如图 6—10 所示。

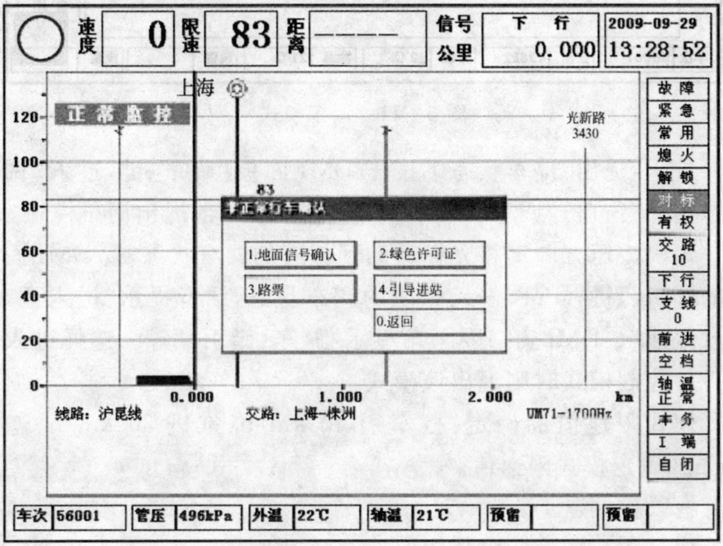

图 6—10　非正常行车模式

调车模式

调车模式是轨道车进行调车作业的固定限速模式，限速值按牵引 40 km/h、推进 30 km/h、连挂 5 km/h 设置，如图 6—11 所示。

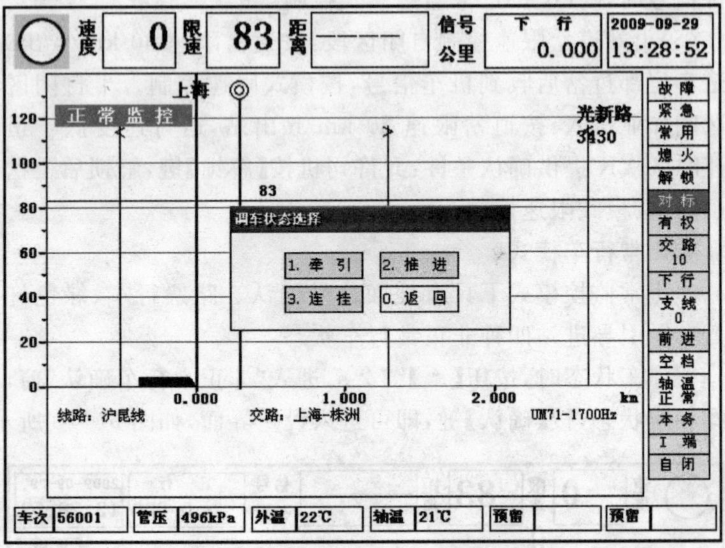

图 6—11　调车模式

进入/退出：停车状态下按压 DMI 面板【调车】键，进入“调车状态选择”窗口。调车状态下按压【调车】键 2 s 退出调车模式。

司机按压方向键将光标移动到相应的调车状态，按 DMI 面板上的【确认】键，GYK 进入相应的调车状态，语音提示“进入调车，注意限速”。DMI 窗口左上角显示“调车(牵引)”等。选择进入另外一种控制模式时则退出该模式。

模式限速值的确定：按牵引 40 km/h、推进 30 km/h、连挂 5 km/h确定模式限速值。

模式控制：

(1)GYK 按模式限速曲线控制轨道车运行。

(2)防溜逸控制功能有效，警醒功能关闭。

(3)机车信号变化时，GYK 有语音提示，但不控制。

目视行车模式

目视行车模式是司机控车的固定限速模式。目视行车模式用于：

(1)出入库作业用目视行车模式控车。

(2)正常监控遇停车信号(红黄灯、红灯、白灯)或信号突变,停车后,根据需要,司机按【解锁】键转入正常监控模式(目视行车)。

(3)区间作业遇封闭的停车点,停车后,根据需要,司机按【解锁】键转入区间作业模式(目视行车)。

(4)机车信号故障时,停车后,根据需要,通过司机操作,转入目视行车模式。

进入/退出:

(1)GYK 加电开机时,自动进入该模式。

(2)在停车状态下,按压【模式】键,DMI 弹出"轨道车模式选择"界面,将光标移动到"目视行车模式",按压【确认】键,或者直接按压快捷数字键,进入目视行车模式。DMI 窗口左上角显示"目视行车",选择进入另外一种控制模式则退出该模式。

(3)遇停车信号或限速曲线为零,停车后或速度小于 20 km/h 时,司机按规定进行人工解锁后,进入目视行车状态。DMI 窗口左上角显示"××模式(目视行车)"

目视行车控制

(1)GYK 按 20 km/h 限速曲线控制轨道车运行。

(2)周期报警:当运行 100 m 或经过 30 s 时,GYK 发出报警音,按【警惕】键,距离及时间计数清零,继续走行 100 m 或经过 30 s 后再次报警。

(3)如果司机在轨道车运行 150 m 或 40 s 以内不按【警惕】键,限速变为 0 km/h,输出紧急制动指令,停车后允许缓解,重新生成模式限速曲线。

(4)在正常监控模式下(目视行车)状态,机车信号变化时,GYK 根据允许信号自动退出正常监控(目视行车),恢复正常监控模式。

(5)目视行车模式下,机车信号变化 GYK 仅有语音提示,但不控制。

(6)防溜逸控制功能有效。警醒功能关闭。

区间作业模式

区间作业模式用于轨道车进入封锁区间进行区间作业的控车模式，有区间作业进入、区间作业返回、区间作业防碰、区间作业编组、5 km/h 连挂五种状态，如图 6—12 所示。

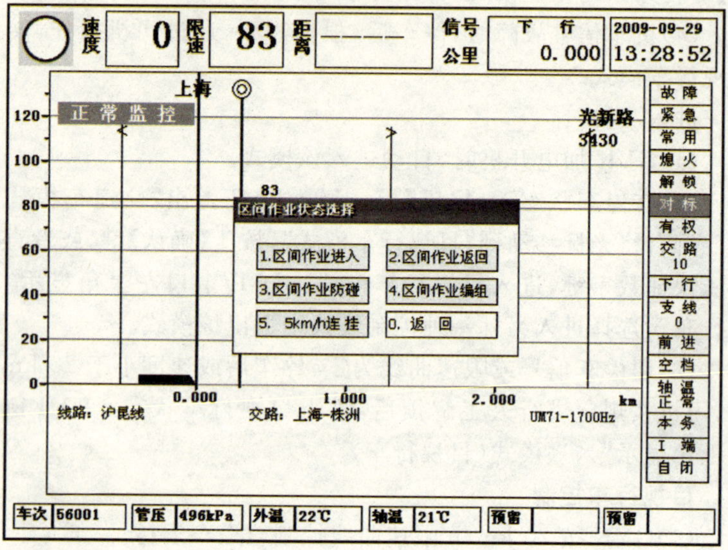

图 6—12 区间作业模式

区间作业进入用于轨道车进入封锁区间进行区间作业的控车模式，停车状态下，按 DMI 面板【区间作业】键，DMI 弹出“区间作业状态选择”窗口，选择“区间作业进入”，或在停车状态下，按【模式】键，进入“模式选择”窗口，移动方向键使光标到对应的“区间作业模式”，按【确认】键，此时弹出“区间作业状态选择”窗口，选择“区间作业进入”。

在“区间作业进入状态参数输入”界面（图 6—13），依次输入“调度命令号”、“车次”、“线路号”、“作业起点”、“作业终点”，“封锁区间限速”、“作业区间限速”，“对标公里标”，按【确认】键确定，此时屏幕左上方显示“区间作业（进入）”。

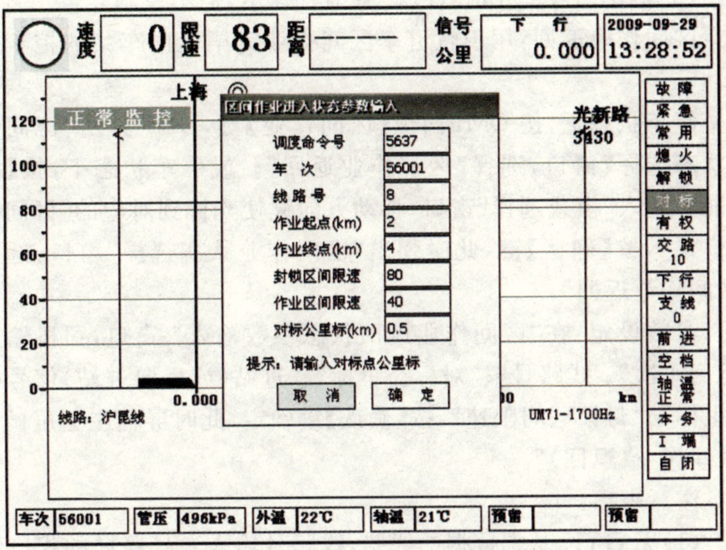

图 6—13 区间作业进入参数输入

注意事项：

(1)在无 GYK 基本数据的线路时，线路号输入 0 号路局的相应线路号。

(2)转储器已输入揭示信息，若符合条件自动调出需要输入的参数。输入“对标公里标”，按【确认】键即可。

(3)选择另外一种控制模式则退出该模式。

模式控制：

(1)GYK 监控轨道车按道岔限速出站，在出站信号机处按【开车】键后对标；过道岔后按【解锁】键后按模式限速控制。

(2)运行至作业起点前 1 km 处语音提示，“距离限速区段 1 公里，减速运行”，防止轨道车作业区间超速。

(3)运行至作业终点前停车，留有安全距离。

(4)停车后控制：根据需要，轨道车继续前行作业时，可以按压【解锁】键，解除停车控制，GYK 进入区间作业（目视行车）。

(5)防溜逸控制功能、警醒功能有效。

(6)机车信号变化时,GYK 有语音提示,但不控制。

区间作业返回:用于轨道车区间作业完毕返回车站的控车模式。

停车状态下,按 DMI 面板【区间作业】键,DMI 弹出“区间作业状态选择”窗口,选择“区间作业返回”。或停车状态下,按【模式】键,进入“模式选择”窗口,移动方向键使光标到对应的“区间作业模式”,按【确认】键,此时弹出“区间作业状态选择”窗口,选择“区间作业返回”。

参数设定:在“区间作业返回状态参数输入”窗口,司机输入“返回车次”、线路号”、“对标公里标”、“进站(或反向进站)信号机公里标”、“封锁区间限速”,按【确认】键确定,此时屏幕左上角显示“区间作业(返回)”。

注意事项:

(1)无 GYK 基本数据的线路,线路号输入 0 号路局的相应线路号。

(2)选择另外一种控制模式则退出该模式。作为补机的轨道车,若已进入区间作业返回状态,只要退出补机进入本务状态即可。

9. 区间作业返回状态参数输入(图 6—14)

模式控制:

(1)运行至进站信号机或反向进站信号机前,GYK 能接收到机车信号,GYK 则按机车信号控制行车;如果接收不到机车信号,停车后,按目视行车控制进站。

(2)防溜逸控制功能、警醒功能有效。

(3)机车信号变化时,GYK 有语音提示,但不控制。

区间作业防碰:区间作业防碰用于轨道车在设定的作业起点和终点公里标范围内的控车模式。按 DMI 面板【区间作业】键,DMI 弹出“区间作业状态选择”窗口,选择“区间作业防碰”。或停车状态下,按【模式】键,进入“模式选择”窗口,移动方向键使光标到对应的“区间作业模式”,按【确认】键,此时弹出“区间作业状态

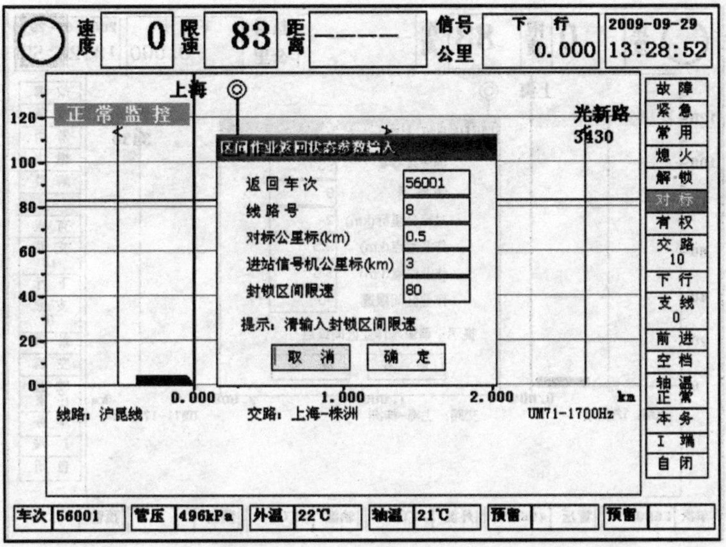

图 6—14　区间作业返回状态参数输入界面

选择"窗口，选择"区间作业防碰"。

参数设定：在"区间作业防碰状态参数输入"窗口，依次输入"调度命令号"、线路号"、"对标公里标"、"起点公里标"、"终点公里标"、"区间作业限速"，按【确认】键确定，此时屏幕左上方显示"区间作业(防碰)"

注意事项：

(1)无 GYK 基本数据的线路，线路号输入 0 号路局的相应线路号。

(2)取消区间作业防碰，则在"区间作业防碰状态参数输入"窗口中将"调度命令号"改为 0 即可。

(3)选择另外一种控制模式则退出该模式。

10. 区间作业防碰状态参数输入(图 6—15)

模式控制：

(1)按区间作业限制速度控制运行，在作业区间起点、终点前停车，留有安全距离。

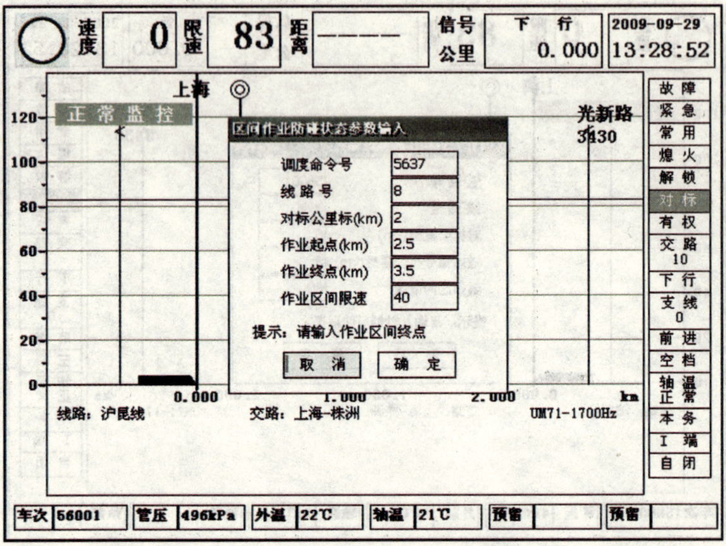

图 6—15　区间作业防碰参数输入

(2)到达起点或终点前,有语音提示;

(3)停车后控制:可以人工解除停车控制,按区间作业(目视行车)控制。

(4)防溜逸控制功能有效。警醒功能无效。

(5)机车信号变化时,GYK 有语音提示,但不控制。

区间作业编组:区间作业编组用于轨道车区间作业完毕,进行车辆编组的控车模式。按 DMI 面板【区间作业】键,DMI 弹出“区间作业状态选择”窗口,选择“区间作业编组”,或停车状态下,按【模式】键,进入“模式选择”窗口,移动方向键使光标到对应的“区间作业模式”,按【确认】键,此时弹出“区间作业状态选择”窗口,选择“区间作业编组”。

参数设定:在“区间作业编组状态参数输入”窗口,输入“对标公里标”、“连挂点公里标”,按【确认】键,进入区间作业编组状态,DMI 窗口左上角显示“区间作业(编组)”。选择另外一种控制模式则退出该模式。

11. 区间作业编组状态参数输入(图 6—16)

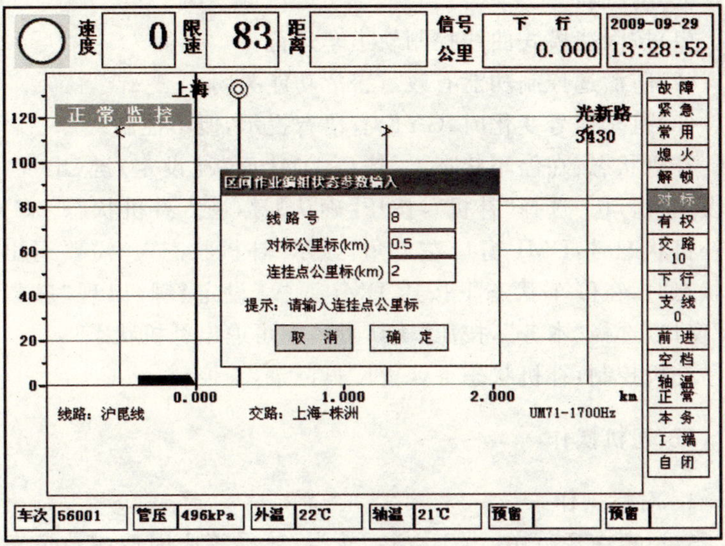

图 6—16 区间作业编组状态参数输入

模式控制：

(1)按编组限速曲线控制运行，在连挂点前停车，留有安全距离。

(2)到达终点前，有语音提示。

(3)停车后控制，可以人工解除停车控制，GYK 进入区间作业(目视行车)。

(4)防溜逸控制功能有效，警醒功能关闭。

(5)机车信号变化时，GYK 有语音提示，但不控制。

5 km/h 连挂：用于轨道车进行车辆连挂的控车模式。

按 DMI 面板【区间作业】键，DMI 弹出“区间作业状态选择”窗口，选择“5 km/h 连挂”，或停车状态下，按【模式】键，进入“模式选择”窗口，移动方向键使光标到对应的“区间作业模式”，按【确认】键，此时弹出“区间作业状态选择”窗口，选择“5 km/h 连挂”。按【确认】键，进入连挂状态，DMI 窗口左上角显示“5 km/h 连挂”。选择另外一种控制模式则退出该模式。

模式控制：

(1)按限速模式曲线控制轨道车运行。

(2)防溜逸控制功能有效。警醒功能关闭。

(3)机车信号变化时，GYK 有语音提示，但不控制。

补机状态：在停车状态下，按压 DMI 面板【设定】键，出现“参数设定”窗口。选择“补机”，按压【确认】键，进入补机状态。GYK 在补机状态时，DMI 窗口左上角，显示“补机状态”。需要退出补机状态时，在停车状态下按压 DMI 面板【设定】键，出现“参数设定”窗口，选择“本务”，按压【确认】键，即可退出补机状态。

补机控制：补机状态下，GYK 只记录，不控制。

五、司机操作

1. 对标操作

轨道车在运行中，由于空转、轮滑、轮径等原因造成轨道车位置与实际公里标产生误差，为使轨道车位置与实际公里标保持一致，必须进行人工对标操作。人工对标的方法有：

(1)开车对标：进入正常监控和区间作业模式，状态栏的“对标”灯亮，提示对标。轨道车动车时，语音提示“注意对标”，当轨道车车头与输入的对标点并齐，且轨道车位置与对标公里标误差在正负 500 m 以内，按下【开车】键，轨道车位置自动调整到对标公里标处，状态栏的“对标”灯灭。

(2)误差修正：运行过程中，轨道车位置与实际公里标存在误差，且误差在±500 m 以内时，可以在下一个公里标处按压【自动校正】键对标，消除误差(四舍五入，公里标取整)。

(3)途中对标：当轨道车在区间运行 10 km 后，GYK 自动发出语音提示指令“注意对标”，当轨道车位置与实际公里标误差在±500 m 以内时，可以在下一个公里标处按压【自动校正】键对标，消除误差。当轨道车位置与实际公里标误差大于 500 m 时，按如下【车位】组合键消除误差。

2. 车位调整操作

轨道车在运行中，与实际公里标产生误差，误差超过 500 m 时，调整方式如下：

(1)按压【车位】+【向前】键，则根据公里标趋势向前加 1 km。如车位公里标为 35.345，公里标趋势为增，操作后公里标变为 36.345；若公里标趋势为减，则公里标变为 34.345。

(2)按压【车位】+【向后】键，则根据公里标趋势向后减 1 km。如车位公里标为 35.345，公里标趋势为增，操作后公里标变为 34.345；若公里标趋势为减，则变为 36.345。

(3)公里标误差超过 1 000 m 时，可以反复使用【车位】+【向前】键或【车位】+【向后】键进行车位调整，或者按【公里标】键：输入对标公里标和趋势，在对标点按【开车】键，执行对标操作。已经调用 GYK 基本数据时，不能修改公里标趋势。

(4)车位调整注意事项：

①在机车信号显示关闭信号、模式报警、停车状态、临时慢行限速区段不得调整车位。

②车位调整操作必须在实际公里标处完成。

③组合键操作时，必须在 5 s 内完成。

3. 修改公里标趋势

在无 GYK 基本数据的线路运行时，若显示的公里标与线路公里标趋势相反，则通过输入对标公里标和趋势可以改变。

修改方法：按【公里标】键，输入对标公里标和趋势，在对标点按【开车】键，执行对标操作。已经调用 GYK 基本数据时，不能修改公里标趋势。

4. 修改上、下行

在无 GYK 基本数据的线路运行时，若信号上、下行与线路不符，则通过 DMI 面板按键可以改变。

修改方法：按【上行/下行】键 2 s，进行接收信号载频切换操作。有三种状态：强制上行、强制下行、自动。“自动状态”时，按 GYK 基本数据设定接收。

5. 支线转移操作

运行过程中，可通过支线转移或交路转移实现跨区段运行。

在设置支线转移的区间及前一区间，根据当前交路及车机联控信息，确定是否输入支线号，如图 6—17 所示。

当状态栏的“支线”显示有效时，屏幕下方将显示前方区间所有支线号。按压【车位】+【2. 选择支线】键，弹出支线号窗口，输入支线号后按压【确认】键。输入成功后右侧状态栏显示输入的支线号，实现跨区段运行。

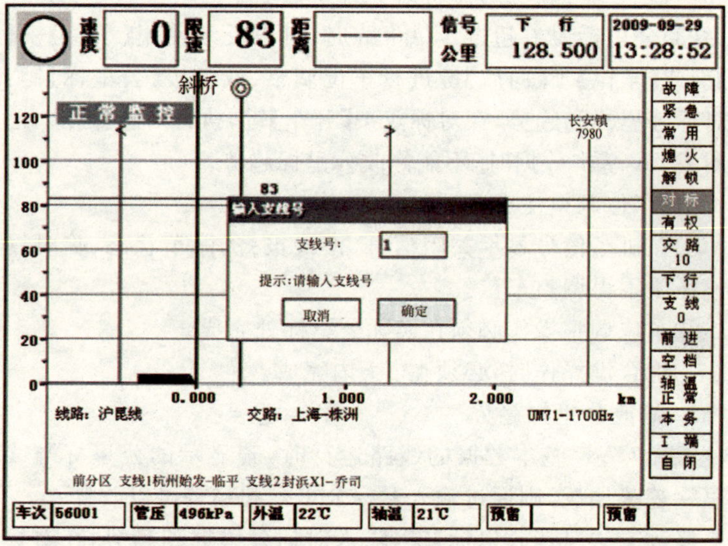

图 6—17　支线转移操作界面

6. 紧急制动后的操作

紧急制动后，将自阀手柄放到制动区，速度降为零后，熄火指令自动撤除；当语音提示“允许缓解”时，可按压【缓解】键撤除紧急制动指令。如发生紧急和常用制动，停车后按压【缓解】键，紧急和常用制动同时撤除。

7. 防溜控制功能确认

当防溜控制功能启动后，连续语音提示“注意(管压、手柄、相位）防溜”，确认是正常动车后，可按压【警惕】键解除防溜控制；若发生溜逸立即采取措施停车；确认是停车未保压或减压量不足80 kPa，可追加减压量至规定值，解除防溜控制。

发生紧急制动后，语音提示“（管压、手柄、相位）防溜动作”，当语音提示“允许缓解”时，可按压【缓解】键撤除紧急制动指令。

8. 司机警醒操作

在正常监控模式和区间作业模式，当轨道车速度大于20 km/h时，GYK启动警醒控制。开始声光报警时，司机应按压按钮或踩踏踏板，停止报警。

9. 司机警惕操作

（1）当GYK显示屏弹出提示窗口进入秒倒计数时，乘务员须按压一次警惕按钮（按下并松开）。

（2）当发生信号突变报警时，按压警惕按钮解除停车报警，同时注意瞭望。

（3）当轴温温度超过报警值，发出轴温异常报警，按压警惕按钮解除报警。

（4）当GYK产生防溜报警时，在规定的时间内，按压警惕按钮解除报警。

10. 司机解锁操作

【解锁】键的使用条件为：

（1）无码股道发车：机车信号显示白灯、单红灯，按停车控制时，轨道车停车时，司机按压【解锁】+【确认】键解除停车控制功能，控制轨道车以不超过道岔允许速度出站。

（2）进入路票行车、绿色许可证行车模式时，在站内设置相关参数后，按压【解锁】+【确认】键解锁，GYK解除轨道车在该信号机前的停车控制，控制轨道车以不超过出站道岔的限速出站。

（3）在区间作业模式工作时，特定情况下可以按压【解锁】键进入“××（目视）”行车模式。

（4）其他停车情况下，按压【解锁】键进入“××（目视）”行车模式。

11. 故障处理

(1)遇机车信号或速度传感器故障时，发出告警语音，轨道车司机应立即停车，使用列车无线调度通信设备报告车站值班员、列车调度员。接到继续运行至前方站内停车的调度命令后，将GYK转为目视行车模式，操纵轨道车以规定的速度运行至前方站停车处理。

(2)GYK故障隔离装置是GYK设备故障时用于紧急制动输出隔离的开关。GYK工作正常时，隔离装置手柄处于正常位。GYK故障时，轨道车停车后，根据调度命令，司机将隔离装置手柄置于故障位，使紧急制动输出转入隔离状态。

第七章 车辆驾驶与操纵综合运用

第一节 行车凭证的取得和确认

车辆出乘进入区间运行前，必须取得行车凭证方可进入。行车凭证的使用分以下几种情况：

1. 使用自动闭塞法行车时，列车进入闭塞分区的行车凭证为出站或通过信号机的黄色灯光、绿黄色灯光或绿色灯光。

2. 特殊情况下的行车凭证：

(1)出站信号机故障时使用绿色许可证。

(2)由未设出站信号机的线路上发车时使用绿色许可证。

(3)发车进路信号机发生故障时发出列车时使用绿色许可证。

(4)车站行车室内一切电话中断时，单线行车按书面联络法，双线行车按时间间隔法。列车进入区间的行车凭证均为红色许可证。

3. 使用自动站间闭塞法行车时，列车凭出站信号显示的进行信号进入区间。

4. 使用半自动闭塞法行车时，列车凭出站信号机或线路所通过信号机显示的进行信号进入区间。

5. 使用电话闭塞法行车时，列车占用区间的行车凭证为路票。双线反方向行车使用路票时，应在路票上加盖“反方向行车”章；两线、多线区间使用路票时，应在路票上加盖“××线行车”章。

6. 向施工封锁区间开行路用列车时，列车进入封锁区间的行车凭证为调度命令。

7. 车辆作为救援列车进入封锁区间救援时，以列车调度员的命令作为进入封锁区间的许可；当列车调度员的电话不通时，以接到救援请求的车站值班员命令作为进入封锁区间的许可。

书面行车凭证取得后，由副司机读出行车凭证内容，正司机予以核对并复诵行车凭证内容，确认无误后方可开车；行车凭证为调度命令或值班员命令时，正、副司机须将无线列调开至同一频道，由调度员呼唤，正司机应答，副司机复诵

第二节　车辆出乘整备及驾驶

一、出车前的准备工作

1. 检查散热器冷却液是否符合标准。

2. 检查发动机机油油量是否符合要求。

3. 检查燃油油量、各部油位是否足够。

4. 检查各部油、水、气路有无渗漏现象。

5. 检查各仪表、灯光、雨刮器、百叶窗、侧风门是否正常。

6. 检查空压机、风扇皮带松紧度。

风扇皮带：以 20～50 N 的力下压皮带，其挠度为 10～20 mm。

空压机皮带：以 20～50 N 的力下压皮带，其挠度为 20～30 mm。

7. 检查传动轴及保险装置螺栓有无松动。

8. 排除风缸、油水分离器内的污水。

9. 作业平台折叠栏杆是否收至行车位并锁定（接触网作业车）。

10. 作业平台是否回至中位并落位稳固（接触网作业车）。

11. 作业平台拨线装置是否收至行车位并锁定（接触网作业车）。

12. 受电弓是否落位并锁定（接触网作业车）。

13. 行车安全备品准备齐全。

二、出车前的检查

1. 检查顺序

一位端车钩→空压机→发动机左车下部分→一、二轴左车轴轴承箱及轴承弹簧→前左制动缸及基础制动悬挂部分→二轴车轴

齿轮箱→变速箱→传动轴→固定轴→传动轴→换向箱→传动轴→三轴车轴齿轮箱→75 kW 发电机组→三、四轴左车轴轴承箱及轴承弹簧→后左制动缸及基础制动悬挂部分→二位端车钩→三、四轴右车轴轴承箱及轴承弹簧→后右制动缸及基础制动悬挂部分→一、二轴右车轴轴承箱及轴箱弹簧→前右制动缸及基础制动悬挂部分→发动机右车下部分→车下检查结束。

2. 主要部件、总成检查

车钩、空压机、发动机车下部分、变速箱、传动轴、换向箱、车轴齿轮箱含车轴轴承箱、悬挂部分、发电机组、基础制动等 10 个部分的检查；确认各部状态完好，确保行车安全。

3. 车下各部油位的检查以及油位标准

(1)空气压缩机油量检查：机油应在机油观察窗两刻度之间，不得低于下刻度线。

(2)中间换向箱油量检查：卸下油位孔螺栓，润滑油刚刚流出即可。满孔流油则为油量过多，不能流油则为油量不足。

(3)车轴齿轮箱油量检查：卸下上油位孔螺栓应有少量润滑油流出。若上油位孔满孔流油，则说明油量过多；当上油位孔打开后没有润滑油流出时，应立即卸掉下油位孔螺栓进行检查。若下油位孔没有油流出，说明油量不足，应及时补充润滑油。

(4)变速箱油量检查：卸下油位孔螺堵，润滑油刚刚溢出即可。满孔流油则为油量过多，没有油流出则为油量不足。

4. 车上发动机水位、油位以及发动机附件检查

(1)机油油量检查：拔出机油油尺，机油痕迹应在上、下刻度线之间，一般应在油尺上刻度线左右 2 mm，且油尺无水珠、无柴油气味。机油不宜过多。

(2)冷却水水量：打开膨胀水箱盖，水平面一般应在透气孔下方 20 mm 或水箱口下方 50 mm 左右。

整体式膨胀水箱冷却水的检查：打开水箱盖，水平面一般应在水箱口下方 20 mm 处。

(3)润滑油路的密封性检查：

外漏部位:气门室盖、增压器进出油管、机油尺导向管座、机油泵及外接油管、油底壳螺丝、机油传感器安装等部位有无渗油现象。

内漏部位:机油冷却器,其表现形式为:水散热器有机油浮现。

冬季使用防冻液难以辨认时,若在无外漏以及发动机不冒蓝烟的情况下,机油损耗较大,说明机油冷却器有漏油现象,应进一步换水检查。

(4)冷却系统密封性检查、水散热器、各水管接口、放水开关、水温传感器安装接口及发动机水道堵头等部位有无渗水及水锈痕迹。只要有水锈水痕迹存在的位置,则说明此处在高温、高转速情况下有漏水现象,必须紧固或更换密封件,以免长途行车造成发动机缺水而拉缸。

三、行驶前的准备工作

(1)闭合电源总开关,将电源转换开关转换至运行方向。

(2)启动发动机。踏下离合器,将变速箱置空挡位,油门置于最低位,然后扭动点火钥匙进行启动。如 10 s 内发动机不能启动,应松开点火钥匙,进行第二次启动。每次启动间隔时间不少于 2 min,如连续 3 次仍无法启动,则应检查故障原因并进行排除。启动后,如果启动指示灯仍未熄灭,则应立即关断电源总开关,检查电路以及启动机故障。

(3)密切注意仪表显示,尤其是机油压力表的读数。在发动机转速为 625 r/min 时,机油压力应不小于 100 kPa。

(4)发动机启动后,空压机即开始向总风缸充风,打开操纵端截断塞门,此时制动手柄应置于缓解位,总风缸风压应逐渐上升至 700～800 kPa,制动管和均衡风缸风压上升至 500 kPa。

(5)进行制动性能试验,检查制动系统工作是否正常。

(6)水温超过 50 ℃时应再一次检查冷却系水量,不足时应加满。

(7)正向行驶时,打开百叶窗,两侧风门关闭;逆向行驶时,关闭百叶窗,两侧风门打开。

(8)非操作端处理:关闭操纵台下制动管的截断塞门,油门放在最低位,换向开关置中位,各翘板开关回零位。

四、驾驶运行

1. 车辆起步:松开手制动,撤除防溜措施,清除影响动车的障碍。车辆在平直道或坡道上起步要平稳,尤其是车辆在坡道上起步,应先挂起步挡,然后再缓解,同时慢慢松开离合器、加油门,使车辆平稳起步。不允许发动机熄火,更不允许车辆向后溜滑。

2. 行车途中司机必须做到:

(1)集中精力,谨慎驾驶。认真执行"彻底瞭望、确认信号、高声呼唤、手比眼看"的"十六字令"。

彻底瞭望:做到车动集中看,瞭望不间断;

确认信号:做到听不清就问,看不清就停;

高声呼唤:做到看准再喊,准确无误;

手比眼看:做到呼唤为主,手比为辅。

(2)多机连挂运行时,由运行方向的前部轨道车负责信号瞭望及控制运行速度,后部轨道车必须服从前部轨道车的指挥。运行中,前、后车加强联系,认真执行鸣笛及回示制度。

(3)平稳操纵,控制速度,不臆测蛮干,不超速运行;适时监视各仪表显示情况及各部分工况,遇有危及行车安全或信号显示不良时,应立即采取减速或停车措施。

(4)在长大坡道上,应采取"先闯后爬,爬闯结合"的操纵法。

(5)下坡时,严禁超速运行和空挡溜放,禁止关闭发动机,保持制动系统有足够的风量。

(6)通过车站时做到"六确认",即预告信号、进站信号、进站道岔、出站信号、凭证、出站道岔确认。

(7)进站停车前应控制速度,做到进站稳、停车准、保压位停车、开车前缓解。

(8)在途中停车时，在时间许可的情况下，司机应重点检查轨道车的走行、制动等部件的完好性。

(9)通过道口、桥梁、隧道、曲线、作业标时，按规定呼唤并鸣笛。

(10)遇到减速地点标时，严格按规定运行速度行车，不允许超过规定运行速度。

3. 站停后司机应重点检查走行装置、制动系统状态和轴箱温度，并观察各部有无漏油、漏水、漏风情况。

五、停车操作

停车时，先把变速箱置于空挡，将油门降到怠速位置，再操纵制动机停车。

在关闭发动机前，应使发动机怠速运转 3～5 min，让润滑油和冷却水带走燃烧室、轴承和轴瓦等部位的热量，这对发动机增压器等部件起到了保护作用。涡轮增压器中的轴承和油封均要受到排气高温的影响，发动机运转时，热量依靠循环的机油带走。如果发动机突然停车，增压器温度急剧上升，过热的结果将会使轴承咬死和油封失效。

注意：发动机怠速运转时间不宜过长，在发动机未完全停止运转之前，绝对禁止将点火钥匙重新打到启动位。

停车后，将换向开关置中位，拔出点火钥匙，关断电源总开关。使用手制动装置，防止车辆溜放。在气温低于－30 ℃时，要对蓄电池采取保暖措施，以防冻裂。

六、行驶中的注意事项

1. 变速操作

(1)车辆在满载状态下应采用起步挡起步，单机或车辆在负载不大的状态下可采用一挡起步。

(2)严禁在高挡区，即低挡指示灯未亮的状态下盲目地采用高挡位起步。

(3)车辆在重载下运行时,发动机转速应达到 2 100 r/min 时才能向高一挡位转换,如 6 挡换 7 挡。车辆在负载不大的状态下运行时,发动机转速达到 2 000 r/min 时可向高一挡位转换。

(4)严禁跨挡位变换挡位。一种现象是超前换挡,如车辆在 5 挡状态下运行,发动机转速已达到 2 100 r/min,这时应变换 6 挡运行,若用力过大或变速杆角度不合适,则易将挡位变换到 8 挡,此时发动机转速表显示发动机转速只有 1 000 r/min,发动机声音发闷,若不及时发现和重新变换正确挡位,则易使发动机因“背力”而造成活塞蚀顶及相关部件的损坏。另一种现象是滞后换挡,如车辆在 7 挡状态下运行,发动机转速已达到 2 100 r/min,这时应变换 8 挡运行,若作用在变速杆上的力度不够或变速杆因弹簧作用力的回弹致使变速角度不到位,则易将挡位变换到 6 挡,此时发动机声音会突然增大,转速表指针将指示 2 500 r/min 以上,出现这种情况以后应果断踩下离合器、松掉油门、摘掉挡位,否则将造成发动机配气机构部件的损坏。

(5)发动机转速达到 2 100 r/min 时,应向高一挡位换挡即进挡。发动机转速低于 1 500 r/min(含 1 500 r/min)时应向低一挡位换挡,即退挡。正确的挡位在发动机转速表上的显示应该是 1 550～2 100 r/min,若低于或高于此转速段则说明挡位不正确,均应调整相应挡位。

2. 换向操作

(1)严禁车辆在运行中进行换向,车辆必须在停稳后才能进行换向。

(2)车辆连挂运行停车后,后部车辆换向开关不得置于空挡位。

(3)长距离被牵引车辆,中间换向箱应置空挡位,同时应进行机械锁定。避免换向箱在无高压风的情况下,一轴滑动齿轮因车辆冲击、震动引起滑动而自动挂挡后导致变速箱运转,从而引起二轴轴承因缺乏润滑而造成损坏。

(4)车辆担当补机时,若不需要作为动力辅助,即补机不需要挂挡运行时，发动机不能熄火，应使发动机在1 000 r/min的转速下运转。若中途不需再作为动力辅助时，则换向箱应置空挡位，发动机熄火。在具有 200 kPa 以上高压风的情况下，换向箱可以不进行机械锁定。

(5)连挂运行：在站场转线时应注意车辆运行方向，保证转换开关与运行方向一致。在转线完成后，应确认转换开关与最终运行方向一致。

3. 油门操作

(1)车辆摘挡滑行时油门应放在发动机 900～1 000 r/min 的位置上。

(2)低挡位、大油门的时间不宜过长。

(3)严禁使用油门控制车速。

(4)发动机在额定转速下，油门控制不宜超过 5 min。

4. 其他操作

(1)打开和关闭风门、百叶窗时，司机应对风门、百叶窗的状态进行确认。

(2)运行方向为操作端。动车前，制动机下方截断塞门必须打开，另一端必须关闭。当空气制动产生作用后，手制动机应完全松开。

(3)确认各仪表、指示灯显示正常，且中间换向箱转换开关应转至前进方向，方可行车。

(4)车辆产生制动后必须先缓解，使制动缸压力回零后方可起步。

七、站停检查

根据《轨道车管理规则》要求，司机必须掌握站停检查内容。针对走行、传动装置、基础制动、悬挂系统进行认真检查并确认其工作状态是否完好，车轴齿轮箱、中间换向箱、各车轴轴承箱温度是否正常，有无漏油、漏水、漏风现象，并能掌握车轴轴承箱、车轴齿轮箱、中间换向箱的温升和最高允许值。

八、轨道车司机乘务作业程序

驾驶技能是行车安全的根本，行车作业中的互控措施、标准化乘务作业程序则是行车安全的保障，因此，行车中正、副司机间的呼唤应答以及与车站的车机联控作业就需标准化、程序化。下面介绍常用的行车乘务作业程序和呼唤应答用语。

1. 车辆启动准备

车辆静态、动态检查完毕，具备运行条件后，司机与副司机联控。司机呼唤："撤除铁鞋、缓解手制动机"。

副司机在撤除防溜铁鞋，缓解手制动机后应答："铁鞋已撤除，手制动机已缓解"。

2. 车辆发车准备

司机使用对讲机与车站联控。司机呼叫车站："××站××次准备完毕，请求发车"。

车站值班员布置发车进路后应答："××次××站×道出站信号好了"。

司机应答："××站××道出站信号好了，××次司机明白"。

值班员与助理值班员联控。值班员呼唤："外勤××道发车"。外勤应答："××道发车，外勤明白"。

3. 车辆出站

当司机确认出站信号开放后，且听到值班员与助理值班员联控后，即与副司机进行呼唤、应答。副司机呼唤："出站信号"。

司机确认出站信号开放后应答："出站信号好了"。

副司机确认出站信号开放后复诵："出站信号好了"。

当外勤发车后，司机与副司机联控。副司机呼唤："发车信号"。

司机确认发车信号后应答："发车信号好了"。

副司机确认发车信号后复诵："发车信号好了"。

4. 车辆启动

司机鸣笛一长声开车。当车辆起步后，司机与副司机进行呼唤、应答。副司机呼唤:"后部瞭望"。

司机向后瞭望后应答:"后部好了"。

副司机向后瞭望后复诵:"后部好了"。

5. 限速地段

在减速地段设有减速预告标和减速地点标。当司机看到减速预告标时,应和副司机进行呼唤、应答。副司机呼唤:"限速注意"。

司机应答:"限速××公里"。

副司机复诵:"限速××公里"。

当副司机看到限速始点标时,副司机呼唤:"限速地点标"。

司机应答:"限速地点标"。

当副司机看到限速终点标后,副司机呼唤:"限速结束"。

司机应答:"限速结束"。

6. 停车

在运行途中当遇到临时停车点和终端停车点时,司机看到临时停车点和终端停车点后即作好停车准备。同时,副司机在停车位置标 200 m 前呼唤:"停车位置标"。

司机应答:"准备停车"。

副司机复诵:"准备停车"。

司机采用常用制动方式停车。

7. 换端操作

司机换端操作时,必须对操作端制动机进行简略试验。当司机座到司机椅上后,司机与副司机进行车辆换端的呼唤应答。标准用语是:副司机呼唤:"制动"。

司机应答:"制动"。此时司机完成启动发动机、试风操作后呼唤:"制动良好"。副司机复诵:"制动良好"。

8. 进　　站

当车辆接近预告信号机时,司机与车站值班员、副司机之间进行呼唤应答。在预告信号机前 400 m 处,司机用对讲机呼叫车站:"××站××次接近"。

车站值班员布置好接车进路,进站信号开放后应答:"××次

××站×道停车(或××次××站机外停车)”。

司机应答:“××次××站××道停车(或××次××站机外停车),司机明白”。

车站值班员应答:“好了”。

随即,司机与副司机在预告信号机前进行呼唤、应答。副司机呼唤:“预告信号”。

司机确认预告信号后应答:“预告好了(或黄灯减速)”。

副司机复诵:“预告好了(或黄灯减速)”。

当副司机看到进站信号时,在进站信号机前副司机呼唤:“进站信号”。

司机确认进站信号后应答:“侧线”(同时用手势示意)。

副司机复诵:“侧线”(同时用手势示意)。

第八章 维护保养

第一节 轨道车的保养

为了保证轨道车辆安全、顺利地完成运输任务，在平时要对车辆进行大量精心的保养工作。发动机、变速箱、空气压缩机等总成的保养参阅其说明书。

一、日常保养

日常保养是在车辆出车前后及行驶中进行的，以清洁、紧固、润滑为主要内容的预防性检查工作，以使车辆保持良好的状态。

日常保养的主要项目有：

1. 清洁车身内外、车窗玻璃、电气设备和底盘各部。

2. 检查灯光、仪表、刮雨器、喇叭、撒砂器。

3. 检查水散热器、油箱及油管、水管、空气制动管路密封。

4. 检查冷却水、燃油、润滑油、蓄电池蒸馏水是否充足。

5. 检查各部连接螺栓、连接销以及防松用的开口销、保险垫。

6. 检查和调整发动机风扇、发电机、空气压缩机皮带的松紧度。

7. 检查轴箱弹簧。

8. 检查踏梯及门扶手，调车扶手和其他辅助扶手的紧固情况。

9. 检查手制动机的工作情况。

10. 检查制动系统：

(1)对过期的制动阀件必须按有关规定进行校修。

(2)检查闸瓦间隙,其间隙为 5～10 mm,调整鞲鞴行程,其行程为 80～120 mm。

(3)检查制动管路泄漏情况,每分钟泄漏不超过 10 kPa。

(4)制动后保压性能检查。制动手把置制动位减压 40 kPa,保压 1 min 不得自行缓解。

(5)基础制动件检查。各制动拉杆、吊板、吊板支座等不得有弯曲变形或脱焊现象,否则应予以修复。

二、定期保养

轨道车辆每行驶 1 500～2 000 km,进行一次定期保养。

定期保养是以全面检查、调整、紧固、润滑,并排除不正常状态为内容的检查工作。

除进行日常保养的内容外,应增加如下项目:

1. 清洁发动机空气滤清器、空气压缩机滤清器。

2. 检查发动机、变速箱、中间换向箱、车轴齿轮箱的润滑油,必要时添加或更换。

3. 检查各种皮带的磨损情况,必要时调整或更换。

4. 检查发动机、变速箱、换向分动箱、车轴齿轮箱的悬挂支承及安装紧固螺栓。

5. 检查传动轴的万向节、十字轴及花键磨损情况。

6. 检查主车架有无裂纹和变形。

7. 检查液压减振器的安装紧固及工作情况。

8. 检查蓄电池的电液比重:用比重计测量电解液比重,此值应为 1.28～1.30(环境温度为 20 ℃时),一般不应低于 1.27,同时液面应高于极板 10～15 mm,不足时应加注蒸馏水。

9. 检查车钩的磨损情况及车钩与车架连接的紧固螺栓。

10. 检查车钩高度、排障器高度及更换排障器胶皮。

11. 检查水散热器的散热效能,必要时清洗冷却系。

12. 检查车轴齿轮箱悬挂装置和传动轴角度,必要时予以调整。

13. 检查车棚是否有锈蚀，油漆是否有脱落，必要时补漆。

14. 消除所发现的故障及不正常现象。

三、走合期保养

新制或大修车辆的走合里程为 1 000 km。

在走合期内，应加强保养，随时检查，及时消除不良现象。

轨道车辆在走合期内的运行，应降低牵引重量 30%，如在长大坡道上行驶，应再适当减载。

走合期满后，提前进行一次定期保养，同时更换各总成润滑油。

四、换季保养

结合定期保养，同时按规定用不同黏度的润滑油(夏季换用高黏度的润滑油，冬季换用低黏度的润滑油)，调整蓄电池的电解液比重。

五、车辆长期不使用的保护

轨道车辆长期不使用时，应采取如下措施：

1. 放掉冷却水。
2. 清洗各滤清器。
3. 包扎好空气滤清器。
4. 所有润滑点加注润滑油。
5. 将蓄电池拆卸进行充电保养。
6. 每月发动一次，并前后运行一段距离。

六、润　　滑

轨道车辆上许多总成、零件的使用寿命，在很大程度上与正确、及时良好的润滑有关。车辆在使用中应结合保养，在指定部位按规定的润滑期和润滑油(脂)规格进行润滑作业，见表 8—1。更换各总成的润滑油时，均应在热态下进行。

表 8—1 润滑点及润滑要求

序号	润滑位置名称	数量	润滑油	日保	例保	小修	中修	大修	备注
1	发动机	1	发动机专用润滑油	√					
2	离合器分离轴承	1	锂基脂		√				
3	离合器操纵各点	2	钙基脂		√				
4	变速箱	1	85W/90 车辆齿轮油	√					
5	变速箱操纵各点	2	钙基脂		√				
6	万向节十字轴及花键	5	钙基脂		√				
7	制动缸	4	钙基脂			√			
8	手制动机	1	锂基脂			√			
9	换向分动箱	1	SAE 80W/90 API GL-5 车辆齿轮油	√					
10	换向箱操纵各点	1	钙基脂		√				
11	车轴齿轮箱	2	SAE 80W/90 API GL-5 车辆齿轮油	√					
12	车轴齿轮箱悬挂	4	钙基脂		√				
13	油压减振器	8	锭子油				√		
14	车轴轴承箱	8	3 号锂基脂		√				
15	车钩连接销	2	钙基脂					√	
16	空压机	1	空压机油:夏季 19 号,冬季 13 号		√				
17	蓄电池电极柱	1	工业凡士林		√				
18	风扇皮带轮	1	锂基脂		√				
19	空压机张紧轮	1	锂基脂		√				
20	旁　承	4	HC-11 机油		√				
21	牵引杆机构	2	钙基脂		√				
22	固定轴	1	锂基脂		√				
23	轴箱侧挡	8	钙基脂		√				
24	车体侧挡	4	钙基脂		√				

第二节　接触网作业车的维护保养

接触网作业车的日常保养、定期保养、走合期保养、换季保养、长期不使用时的保养同轨道车维护保养。除此之外，还应增加以下内容的维护保养。

一、液压系统保养

1. 首次使用 500 h 换油一次，以后每工作 2 000 h 或半年更换。如果未到换油时间而液压油变质的，也应更换。每次更换应将全部液压油放尽，并对油箱及整个系统进行清洗。加油时须用 120 目铜丝布滤网过滤后加入液压油箱。

2. 首次工作 20 h 和以后每工作 500 h 应清洗吸回油滤清器一次，换油和液压系统修理后也应清洗滤清器。

3. 各阀调定压力在液压原理图中已注出，在出厂时已调好，一般不允许再动，如果在使用中确需调整，应由有经验的技师调整。

4. 每次出车前检查油箱油量、管路是否有松动，启动发动机后，油泵、马达、管路等是否有异响，发现问题及时处理。

二、紧线装置的保养

1. 定期检查耐磨板、卷筒支撑处轴承、线轮和钢丝绳的润滑情况，定期给各部加注润滑脂，保证其机构的灵活性。

2. 定期检查油缸的工作情况，保证管路和油缸的正常工作。当发现有异常情况应及时检修。

3. 定期检查滑块的磨损情况。内、外柱的装配间隙 1～3 mm，不满足时，应增加垫片调整间隙或更换磨耗板。

4. 每周给紧线减速机加注 30 号或 40 号机械油一次。

5. 每周给卷筒支座及导线轮加注润滑脂一次。

三、回转机构维护保养

在使用过程中，应经常向回转支承、轴承加注润滑脂，并在大齿圈上涂抹润滑脂。

四、拨线装置维护保养

拨线柱和丝杆、丝母要保持良好的润滑状态，动作应灵活，丝杆表面不允许锈蚀，拨线柱磨损后，应立即更换。